CHRIST
EST
VAINQUEUR

Louez l'Eternel !

Let's praise the Lord !

CHRIST
THE
VICTOR

Première Édition, 1990 : 3 500 exemplaires.

Ce recueil de cantiques a déjà été produit en 47 000 exemplaires.

Neuvième Impression, 2011 : 2 000 exemplaires

© CHRISTIAN PUBLISHING HOUSE, 1990

Tous Droits Réservés

First Edition, 1990 : 3 500 copies.

This song book has already been published in 47 000 copies.

Ninth Impression, 2011, 2 000 copies.

© 1990, CHRISTIAN PUBLISHING HOUSE

All Rights Reserved.

Édité par :

Éditions du Livre Chrétien

4, rue du Révérend Père Cloarec

92400 Courbevoie - FRANCE

Tél : 33 (0)9 52 29 27 72

Email : editionlivrechretien@gmail.com

Couverture :

Jacques Maré

CHRIST
EST
VAINQUEUR

RECUEIL DE CANTIQUES

« Il a dépouillé les principautés et les pouvoirs, et les a publiquement livrés en spectacle, triomphant d'eux par la croix.» (Colossiens 2:15)

« Le Fils de Dieu a paru afin de détruire les œuvres du diable » (1 Jean 3:8)

« Voici : Je vous ai donné le pouvoir de marcher sur les serpents et les scorpions, et sur toute la puissance de l'ennemi ; et rien ne pourra vous nuire » (Luc 10:19)

« Allez, faites de toutes les nations des disciples, les baptisant au nom du Père, du Fils et du Saint-Esprit, et enseignez-leur à observer tout ce que je vous ai prescrit. Et voici, je suis avec vous tous les jours, jusqu'à la fin du monde » (Matthieu 28:19-20)

1. GRAND DIEU NOUS TE BÉNISSONS

1. GRAND Dieu, nous te bénissons,
   Nous célébrons tes louanges ;
   Éternel, nous t'exaltons
   De concert avec les anges,
   { Et, prosternés devant toi,
   Nous t'adorons, ô grand Roi } (bis)

2. Puisse ton règne de paix
   S'étendre par tout le monde ;
   Dès maintenant à jamais,
   Que sur la terre et sur l'onde,
   { Tous genoux soient abattus
   Au nom du Seigneur Jésus } (bis)

3. Gloire soit au Saint-Esprit !
   Gloire soit à Dieu le Père !
   Gloire soit à Jésus-Christ,
   Notre Sauveur, notre Frère ;
   { Son immense charité
   Dure à perpétuité } (bis)

   EMPEYTAZ

2. CHRIST EST VAINQUEUR

1. CHRIST est vainqueur,
   Nous chantons sa victoire,
   Christ est vainqueur !
   Il a défait l'ennemi des élus,
   Pour toujours l'agneau règnera;
   Sa victoire dure à toujours,
   Sa puissance dure à jamais ;
   { À celui qui est assis sur le trône,
   L'honneur la louange, la gloire}(bis)

2. Satan vaincu,
   Nous chantons ta défaite ;
   Tu es vaincu !
   Tu es tombé devant le Roi des
   [rois,
   Pour toujours tu es renversé ;
   Ta défaite dure à toujours,
   Ta faiblesse dure à jamais ;
   { À celui qui accusait les élus,
   La confusion, la honte } (bis)

3. Esprits méchants,
   Démons et dominations,
   Vous êtes confus !
   Votre royaume est jugé, anéanti,
   Pour toujours Satan est vaincu;
   Sa défaite dure à toujours,
   Sa faiblesse dure à jamais ;
   { À celui qui accusait les élus,
   La confusion, la honte } (bis)

4. Tous les élus,
   De tout cœur, de toute âme,
   Se sont unis !
   Soumis au Roi qui les a rachetés
   C'est là le chemin de la gloire ;
   Leur victoire est assurée ;
   Leur puissance est en Jésus ;
   { À celui qui est assis sur le trône,
   L'honneur la louange, la gloire}(bis)

   P. FOKA (P&M) 1985

3. SAINT, SAINT, SAINT EST L'ÉTERNEL

1. SAINT, saint, saint est l'Éternel,
   Le Seigneur, Dieu des armées,
   Son pouvoir est immortel ;
   Ses œuvres partout semées,
   { Font éclater sa grandeur,
   Sa majesté, sa splendeur } (bis)

2. Les saints et les bienheureux,
   Les trônes et les puissances,
   Toutes les vertus des cieux
   Disent ses magnificences,
   { Proclamant dans leurs concerts
   Le grand Dieu de l'univers } (bis)

3. L'illustre et glorieux chœur
   Des apôtres, des prophètes,
   Célèbre le Dieu Sauveur
   Dont ils sont les interprètes ;
   { Tous les martyrs couronnés
   Chantent ses fidélités } (bis)

4. Sauve ton peuple, Seigneur,
   Et bénis ton héritage !
   Que ta gloire et ta splendeur
   Soient à jamais son partage
   { Conduis-le par ton amour
   Jusqu'au céleste séjour } (bis)

   EMPEYTAZ

4. DANS LES CIEUX ET SUR LA TERRE

1. DANS les cieux et sur la terre,

Il n'est aucun nom plus doux,
Aucun que mon cœur préfère
Au nom du Christ mort pour
[nous

Chœur :

   Quel beau nom (bis)
   Porte l'Oint de l'Éternel !
   Quel beau nom (bis)
   Que celui d'Emmanuel !

2. Quelque grand que soit un
   [homme,
   Qu'il soit prince ou qu'il soit roi,
   De quelque nom qu'on le nomme,
   Jésus est plus grand pour moi
   Chœur

3. Les séraphins, les archanges
   Portent des noms glorieux,
   Mais le plus beau nom des anges
   Pourrait-il me rendre heureux ?
   Chœur

4. Dans les maux, Jésus soulage,
   Il guérit l'esprit froissé,
   Il ranime le courage
   Du cœur le plus oppressé
   Chœur

   C. JAULMES

5. JÉSUS EST LE NOM DU GRAND ROI

1. JÉSUS est le nom du grand Roi,

C'est le nom de mon amour,
Il me fait trembler de joie
Quand je pense à son retour

Chœur :

   Quel beau jour (bis)
   Quand Jésus-Christ reviendra
   Quel beau jour (bis)
   Que celui de son retour

2. Le Seigneur Jésus vient bientôt
   Chercher les saints dispersés,
   Quiconque est marqué de son
                           [sceau
   Sera par lui appelé
   Chœur

3. Quand il descendra des cieux,
   Resplendissant sur les nuées,
   Tous les élus bienheureux
   Seront par lui rassemblés
   Chœur

4. Et la loi de la pesanteur
   Sera pour de bon cassée,
   Quand les saints et leur
                        [rédempteur
   Seront au ciel enlevés
   Chœur

   P. FOKA (P) 1988

6. Ô NOM DIVIN, NOM RÉDEMPTEUR

1. Ô NOM divin, nom rédempteur

Jésus, puissant Sauveur ! (bis)
Nous prosternant tous devant toi.

Chœur :

   Nous te couronnons,
   Nous te couronnons
   C'est toi Jésus,
   C'est toi que nous couronnons Roi.

2. Avec les anges dans les cieux,
   Les martyrs glorieux (bis)
   Qui jadis ont souffert pour toi
   Chœur

3. Rachetés au prix de ton sang,
   Ô Sauveur tout-puissant (bis)
   Sauvés par grâce, et par la foi.
   Chœur

4. Bientôt nous te verrons au ciel
   Sur ton trône éternel (bis)
   Mais ne vivant déjà qu'en toi.
   Chœur

   CH. ROCHEDIEU

7. GLOIRE ! IL EST RESSUSCITÉ

Chœur :

   GLOIRE ! Il est ressuscité
   Ah ! Jésus est vivant
   Nous vous l'annonçons ;
   Ah ! Alléluia gloire à Dieu,
   Jésus a vaincu la mort

1. Gloire ! Dieu l'a ressuscité

Ah ! il l'a délivré
Des liens de la mort ;
Ah ! Jésus plus fort que Satan !
Il a vécu sans pécher
Chœur

2. Gloire ! il a bravé la mort !
   Ah ! il est ma victoire
   Je n'ai peur de rien ;
   Ah! Mon Sauveur est
   [tout-puissant,
   Et c'est lui qui est ma force
   Chœur

3. Gloire ! Jésus-Christ est ma vie !
   Ah ! il vit en moi
   Et moi je vis pour lui ;
   Ah ! il reviendra me chercher
   Pour m'amener dans son ciel
   Chœur

4. Christ, t'appelle aujourd'hui ;
   Viens, repens-toi
   Et n'endurcis pas ton cœur ;
   Et, quand Il viendra nous
   [chercher
   Tu ne seras pas laissé.
   P. FOKA (P) 1979

8. TU ES LE BERGER, NOUS NE MANQUERONS DE RIEN

1. TU ES le berger, nous ne
   [manquerons de rien,

{ Qui nous séparera de l'amour
   [de Jésus ? } (bis)
Qui accusera les élus de Dieu ?
Car le Seigneur est mort,
Bien plus ressuscité.
Alleluia, amen.

Chœur :
Alléluia ! Alléluia !
Alléluia ! Alléluia !
Alléluia ! Alléluia !
Alléluia ! Amen

2. Tu es le berger, nous ne
   [manquerons de rien,
   { Nous t'exaltons Seigneur et
   [nous te célébrons. } (bis)
   Nous prosternant devant ton
   [trône ô Dieu
   Car les cieux sont à toi,
   La terre ton marche-pied
   Alleluia, amen
   Chœur
   P. FOKA (P&M) 1981

9. ESPRIT DE DIEU, DE VÉRITÉ

1. ESPRIT de Dieu, de vérité,
   Source de vie, de sainteté,
   C'est un grand honneur pour
   [l'Église
   Qui est sur le roc assise
   De te chanter ses louanges (bis)
   Comme au ciel le font les anges

2. Lorsque Jésus notre Seigneur
   Nous promit un consolateur,
   L'Église chérie était sans force,
   Saisie de crainte et tremblante
   Sous la menace de l'épée (bis)
   Les siens s'étaient enfermés

3. Monté et près du Père assis,
   Jésus à qui tu t'es soumis,
   Auprès des siens t'a envoyé,
   Plein de zèle tu es allé
   Comme le feu es descendu (bis)
   Sur chacun tu es venu.

4. L'enfer et le monde enragés,
   Pour le combat, se sont rangés,
   Mais ta puissance s'est déployée
   Le salut est proclamé
   Et les pécheurs sont sauvés (bis)
   Les captifs sont libérés.

5. Si l'Église est restée debout,
   A persévéré jusqu'au bout,
   C'est grâce à ton soutien Seigneur
   Dans les temps de la douleur
   Tu es resté son ami (bis)
   Et tu as pris son parti

6. Nous te louons et t'adorons,
   Nous te louons te bénissons,
   Esprit de vie, de vérité,
   Source de la sainteté
   { Nous t'offrons nos vies nos
   　　　　　[cœurs. } (bis)

De toi vient notre bonheur

P. FOKA (P&M) 1986

10. SAINT DES SAINTS ! TOUT MON CŒUR

1. SAINT des saints !
   Tout mon cœur
   Veut s'élever à toi (bis)
   Tu me dis de chercher
   Le regard de ta face,
   Fais-moi sentir
   Ta puissante efficace,
   { Esprit de Dieu, viens soutenir
   　　　　　[ma foi. } (bis)

2. Éternel,
   Ton amour
   Te fit mon créateur ; (bis)
   L'univers tout entier,
   Seigneur est ton ouvrage ;
   Mais tu formas
   Notre âme à ton image,
   { Et pour t'aimer tu nous donnas
   　　　　　[un cœur. } (bis)

3. Ta bonté
   M'accueillit
   Au matin de mes jours ; (bis)
   Tu veillas au berceau
   De ma fragile vie ;
   Par ta faveur
   Ma route fut choisie,
   { Mille bienfaits en marquèrent le
   　　　　　[cours. } (bis)

4. Mais bientôt

  J'oubliai,

  Seigneur, ce tendre soin ; (bis)

  Trop souvent en mon cœur

  Je méconnus ta grâce.

  Que de mépris,

  Que d'orgueil et d'audace !

  { Que de détours dont tu fus

          [le témoin ! } (bis)

5. Devant toi,

  Je rougis.

  Et demeure confus ; (bis)

  Mais, Seigneur ta pitié

  Relève ma misère.

  N'as-tu pas mis

  Entre elle et ta colère

  { L'amour, la croix et le sang de

          [Jésus ? } (bis)

6. Oui Seigneur !

  Tu m'entends

  Tu m'ôtes ma douleur, (bis)

  Je me sens ton enfant ;

  Mon Père je t'appelle,

  De ton secours

  La promesse est fidèle;

  { Béni sois-tu ! Ta paix rentre en

  mon cœur. } (bis)

C. MALAN

11. JÉSUS EST LE LIBÉRATEUR

1. JÉSUS est le libérateur

  Dont le salut m'inonde,

  Jésus le Tout-Puissant Sauveur

  Qui m'affranchit du monde

2. Je me souviens de mon passé

  Baigné dans la misère,

  Quand le Seigneur m'a visité

  Et m'a conduit au Père

3. Peux-tu nous dire ce qui t'arrive ?

  Me demandent mes amis ;

  Ô ! Tout ce que je puis vous dire:

  J'ai rencontré le Messie.

P. FOKA (P) 15.01.1990

12. JÉSUS, JÉSUS, JÉSUS, JÉSUS

1. JÉSUS, Jésus, Jésus, Jésus

  Seul nom que mon cœur aime,

  Je voudrais ne prononcer plus

  Qu'un seul mot, ce nom même.

2. Jésus, Jésus, ce nom si beau,

  C'est celui dont les anges,

  Prosternés autour de l'agneau

  Remplissent leurs louanges

3. Jésus, c'est le nom de celui

  Qui descendit du Père,

  Dont l'amour sur la croix a lui,

  En qui la terre espère

4. Jésus, Jésus, Jésus, Jésus,

  Bientôt mon cœur qui t'aime,

  Auprès de toi ne dira plus

Qu'un seul mot, ton nom même.

A. JUILLARD

13. MON JÉSUS, JE T'AIME

1. MON Jésus, je t'aime
   Je te sais à moi.
   Oh ! quel charme extrême
   Me retient à toi !
   Les plaisirs du monde
   Ne m'attirent plus,
   Ton amour m'inonde,
   Je t'aime, ô Jésus !

2. Mon Jésus, je t'aime,
   Car tu m'as sauvé.
   En t'offrant toi-même,
   Ton sang m'a lavé !
   Sur la croix bénie,
   Pour moi, tu mourus,
   Ta mort est ma vie,
   Je t'aime, ô Jésus !

3. Qu'ici-bas je t'aime
   Jusque dans la gloire
   À l'heure suprême
   De l'enlèvement
   Ma voix triomphante
   Se fera entendre
   Sachez que je chante :
   «Je t'aime, ô Jésus ! »

4. Je verrai ta face,
   Quel ravissement !
   Je louerai ta grâce

Éternellement,
Et dirai sans cesse
Avec les élus
L'hymne d'allégresse :
« Je t'aime, ô Jésus ! »

14. JÉSUS EST NOTRE AMI SUPRÊME

1. JÉSUS est notre ami suprême :
   Oh ! quel amour !
   Mieux qu'un tendre frère Il nous
                              [aime;
   Oh ! quel amour !
   Ici parents, amis, tout passe ;
   Le bonheur paraît et s'efface ;
   Son cœur seul jamais ne se lasse
   Oh ! quel amour !

2. Il est notre vie éternelle ;
   Oh ! quel amour !
   Célébrons son œuvre immortelle ;
   Oh ! quel amour !
   Par son sang notre âme est lavée ;
   Au désert il l'avait trouvée,
   Dans son bercail il l'a sauvée ;
   Oh ! quel amour !

3. Seigneur Jésus ! fais-nous
                      [comprendre
   Tout ton amour !
   Et dans nos cœurs, daigne
                          [répandre
   Tout ton amour !

Que cet amour soit notre vie !
Qu'à jamais notre âme ravie !
Savoure une joie infinie
En ton amour !

Mlle DE CHARRIERE

15. QUEL AMI FIDÈLE ET TENDRE

1. QUEL ami fidèle et tendre
   Nous avons en Jésus-Christ,
   Toujours prêt à nous entendre
   À répondre à notre cri !
   Il connaît nos défaillances,
   Nos chutes de chaque jour.
   Sévère en ses exigences,
   Il est riche en son amour

2. Quel ami fidèle et tendre
   Nous avons en Jésus-Christ,
   Toujours prêt à nous comprendre
   Quand nous sommes en souci !
   Disons-lui toutes nos craintes,
   Ouvrons-lui tout notre cœur,
   Bientôt ses paroles saintes
   Nous rendront le vrai bonheur

3. Quel ami fidèle et tendre
   Nous avons en Jésus-Christ,
   Toujours prêt à nous défendre
   Quand nous presse l'ennemi !
   Il nous suit dans la mêlée,
   Nous entoure de ses bras,
   Et c'est lui qui tient l'épée

Qui décide des combats.

4. Quel ami fidèle et tendre
   Nous avons en Jésus-Christ,
   Toujours prêt à nous apprendre
   À vaincre en comptant sur lui !
   S'il nous voit vrais et sincères
   À chercher la sainteté,
   Il écoute nos prières,
   Et nous met en liberté

5. Quel ami fidèle et tendre
   Nous avons en Jésus-Christ,
   Bientôt il viendra nous prendre
   Pour être au ciel avec lui !
   Suivons donc l'étroite voie
   En comptant sur son secours ;
   Bientôt nous aurons la joie
   De vivre avec lui toujours.

EM. BONNARD

16. JE L'AI TROUVÉ, JE L'AI TROUVÉ

1. JE l'ai trouvé, Je l'ai trouvé,
   Le bonheur ineffable !
   Je suis sauvé, je suis sauvé,
   Ô joie inexprimable !
   Tous mes péchés sont effacés
   Le sang de Christ me lave
   Les jours de larmes sont passés
   Je ne suis plus esclave !

2. Oh ! quel bonheur ! Oh ! quel
   [bonheur,

D'avoir Jésus pour maître !
Ô mon Sauveur, mon seul
                    [Sauveur,
À toi seul je veux être !
Tu vins briser, puissant vainqueur,
Du mal la tyrannie,
Affranchissant mon pauvre cœur
Et me donnant ta vie

3. Dans ton amour tu m'as cherché,
   Errant bien loin du Père
   Tu m'as sauvé de mon péché,
   Tu fis de moi ton frère ;
   Et maintenant, et pour jamais,
   Sous ton joug je me plie.
   Je ne puis vivre désormais
   Jésus, que de ta vie !

4. Ah ! Laissez-moi chanter mon Roi
   Oui, qu'à genoux, je chante !
   Jésus n'est-il pas tout pour moi ?
   Gloire à sa croix sanglante !
   Sans se lasser, jour après jour,
   Il m'aime, il m'aime encore
   Comment répondre à tant
                    [d'amour ?
   Je crois, j'aime et j'adore !

   CH. ROCHEDIEU

17. JE NE SAIS POURQUOI DANS SA GRÂCE

1. Je ne sais pourquoi, dans sa grâce,
   Jésus m'a tant aimé ;

Pourquoi, par son sang, il efface
Ma dette, mon péché.

Chœur :

Mais je sais qu'en lui j'ai la vie,
Il m'a sauvé dans son amour
Et gardé par sa main meurtrie,
J'attends l'heure de son retour.

2. Je ne sais comment la lumière
   Éclaire tout mon cœur,
   Comment je compris ma misère
   Et reçus mon Sauveur !
   Chœur

3. Je ne sais quelle est la mesure
   De joie et de douleur
   Que pour moi, faible créature,
   Réserve mon Sauveur
   Chœur

4. Je ne sais quand de la victoire
   L'heure enfin sonnera,
   Quand l'agneau, l'époux, dans sa
                    [gloire
   Avec lui me prendra
   Chœur

   G. GUILLOD

18. NOUS ÉTIONS TOUS ERRANTS

1. NOUS étions tous errants comme
                    [des brebis perdues,
   Chacun suivait sa propre voie;

Il plut à celui que nous avions
[rejeté
De nous sauver, de nous laver
Et nous sommes enfants de Dieu.

Chœur :

{ Personne ne m'avait jamais aimé
Jésus c'est toi qui m'as aimé
De mon cœur cette belle mélodie
S'élève à toi } (bis)

2. À cause de toi le monde pour moi
[est crucifié
Et tout ce qu'il m'offre de plus
[beau;
J'ai regardé tout cela comme de la
[boue
À cause de toi mon Sauveur,
J'ai bien tout abandonné.
Chœur

3. Et maintenant nous souffrons
[pour le Roi des rois,
Notre royaume n'est point ici-bas
En attendant la gloire de la cité
[céleste,
Allons mes frères portons la croix,
Et suivons notre Seigneur
Chœur

P. FOKA (P&M) 1982

19. LE NOM DE JÉSUS EST SI DOUX

1. LE NOM de Jésus est si doux !
De Dieu désarmant le courroux,
Il nous appelle au rendez-vous,
Précieux nom de Jésus !

Chœur :

Jésus ! Béni soit ton nom !
Jésus ! Oh ! merveilleux don !
Jésus ! Suprême rançon,
Sois adoré pour toujours.

2. J'aime ce nom dans le chagrin,
Il me soutient sur le chemin,
Sa musique est un son divin,
Précieux nom de Jésus !
Chœur

3. J'aime le nom de mon Sauveur,
Car lui seul connaît tout mon
[cœur,
Lui seul me rend plus que
[vainqueur
Précieux nom de Jésus !
Chœur

4. Et si parfois j'ai succombé,
Si dans le mal je suis tombé,
Son nom puissant m'a relevé
Précieux nom de Jésus !
Chœur

5. Et lorsque avec lui je serai,
Et lorsque enfin je le verrai,

Alors sans fin je redirai :
Précieux nom de Jésus !
Chœur

CONTESSE-VERNIER, J. GUILLOD

20. RÉDEMPTEUR ADORABLE

1. RÉDEMPTEUR adorable,
   Sur la croix attaché,
   Traité comme un coupable,
   Brisé pour mon péché,
   Ton angoisse suprême,
   Ta douleur, ton tourment
   Me disent : « Vois, je t'aime,
   J'ai pris ton châtiment ».

2. Abandonné du Père,
   Dans mon âme troublé,
   Buvant la coupe amère
   Pour ton iniquité,
   De l'éternelle flamme
   Mon amour te sauva,
   Je mourus pour ton âme,
   Pécheur, à Golgotha !

3. Le sang de mes blessures,
   Ma couronne de Roi,
   Toutes ces meurtrissures,
   Comprends-le, c'est pour toi !
   J'ai subi ta souffrance,
   J'ai porté ta langueur
   Contemple en assurance
   Ton grand libérateur !

4. Ton amour me réclame,
   Me voici, cher Sauveur ;
   Prends mon corps et mon âme
   Pour prix de ta douleur.
   Oui, mon âme ravie
   Désormais ne veut plus
   Que vivre de ta vie,
   À ta gloire, ô Jésus !

Mlle HUMBERT

21. À TOI LA GLOIRE

1. À TOI la gloire,
   Ô Ressuscité !
   À toi la victoire
   Pour l'éternité !
   Brillant de lumière,
   L'ange est descendu,
   Il roule la pierre
   Du tombeau vaincu.

Chœur :
   À toi la gloire, ô ressuscité !
   À toi la victoire ! Pour l'éternité !

2. Vois-le paraître !
   C'est lui, c'est Jésus,
   Ton Sauveur, ton maître,
   Oh ! ne doute plus !
   Sois dans l'allégresse,
   Peuple du Seigneur,
   Et redis sans cesse
   Que Christ est vainqueur.
   Chœur

3. Craindrais-je encore ?

Il vit à jamais,
Celui que j'adore,
Le Prince de Paix ;
Il est ma victoire,
Mon puissant soutien,
Ma vie et ma gloire ;
Non, je ne crains rien !

Chœur

E. BUDRY

22. Ô POURQUOI, POURQUOI SUIS-JE NÉ ?

1. Ô POURQUOI, pourquoi suis-je
[né ?
À quoi bon, à quoi bon vivre et
[mourir ?
À quoi bon, à quoi bon ce monde
Où tout passe, où tout s'en va ?
Dites-moi ! Ô qui me dira
D'où je viens, où je vais ?
Je n'en peux plus !
Ô ! je sais, oui que je mourrai,
Mais j'ignore où me conduit
[la mort!

2. C'est l'impasse, le noir autour
[de moi,
le chagrin et la peur là au-dedans,
Des questions, des questions
[sans réponses
Tout au fond de mon cœur.

Ô ton cœur est plein de péchés,
Et Dieu dit : point de paix
Pour le méchant
Mais ce Dieu, est le Dieu d'amour,
Mon ami, repens-toi, repens-toi.

3. Il y a bien environ deux mille ans,
Un beau jour, un jour, à Golgotha
Jésus-Christ, Jésus-Christ a donné
À la croix sa vie pour toi.
Fils de Dieu Il s'est abaissé
Une histoire, une histoire
Jamais contée.
Innocent, il s'est humilié
Jésus-Christ, Jésus-Christ,
[fils de Dieu.

P. FOKA (P&M) 1982

23. TOUS LES SAINTS

Chœur :

TOUS les Saints
Qui sont partis avant nous se
[*lèveront.*
Tous les Saints
Qui nous avaient devancés
Du tombeau surgiront. (bis)

1. Le Seigneur Jésus après avoir
[souffert,
Est monté au ciel nous préparer
[une place,
Il en reviendra comme il nous l'a
[promis,

Pour amener ceux qui l'auront
[aimé
Chœur

2. Oui tous les apôtres ainsi que les
[prophètes,
Et tous les martyrs dont le sang
[a coulé,
Oui tous les témoins qui furent
[méprisés,
Se lèveront au son de la trompette.
Chœur

3. Et nous le verrons pas comme
[dans un miroir,
Nous le toucherons pas au travers
[d'un voile,
Eh oui tel qu'il est, tels aussi nous
[serons,
En toutes choses nous lui
[ressemblerons.
Chœur :
    Au grand Roi seront rendus
    Le royaume, le règne, la gloire
    Au grand Roi
    Seront rendus les hommages
    Pour l'éternité. (bis)

4. À Jérusalem Il nous amènera,
Dans la cité d'or préparée pour
[l'Epouse,
La salle du festin, la table seront
[prêtes

Et avec nous, Il boira à nouveau
Chœur

5. En ce jour-là, il n'y aura plus de
[mystère
Nous le connaîtrons comme
[il nous a connus,
Et nous chanterons le cantique
[de l'Agneau,
Nous jetterons nos couronnes
[devant Lui.
Chœur

P. FOKA (P&M)

24. LE SEIGNEUR NOUS A DONNÉ LA VICTOIRE

Chœur :
    Le Seigneur nous a donné la victoire
    Sur le péché
    Le Seigneur nous a donné la victoire
    Même sur la mort. (bis)

1. À Gethsémané où Il fut arrêté,
Comme à Golgotha où Il fut
[crucifié,
Il a obéi à tous ses ennemis,
Jusqu'à la mort et la mort de
[la croix.
Chœur

2. Au troisième jour de ces temps
[difficiles,
Marie Magdala se rendit au
[sépulcre;

Elle ne vit personne, personne
[comme Jésus,
Rien que ce froid, ce vide,
[ce silence

Chœur :
Le Seigneur était sorti du tombeau
Au grand matin ;
Le Seigneur avait déjà triomphé
Du dernier ennemi. (bis)

3. Marie Magdala s'était mise à
[pleurer,
Quand soudain derrière, elle
[entendit : Marie !
S'étant retournée elle reconnut le
[Roi,
Se prosterna et elle l'adora.
Chœur

4. À Jérusalem où se trouvaient les
[siens,
Marie Magdala apporta
[la nouvelle;
Mais personne ne crut à ce qu'elle
[annonçait,
C'était trop beau, comme vérité
Chœur

P. FOKA (P&M) 1988

25. OH ! QUEL BONHEUR DE LE CONNAÎTRE

1. OH ! quel bonheur de le
[connaître,

L'ami qui ne saurait changer,
De l'avoir ici-bas pour maître,
Pour défenseur et pour berger !

Chœur :
Chantons, chantons d'un cœur
[*joyeux*
Le grand amour du rédempteur,
Qui vint à nous du haut des cieux
Et nous sauva du destructeur

2. Dans la misère et l'ignorance
Nous nous débattions sans espoir,
La mort au cœur, l'âme
[en souffrance
Quand à nos yeux il se fit voir
Chœur

3. Il nous apporta la lumière,
La victoire et la liberté ;
L'ennemi mordit la poussière,
Pour toujours satan fut dompté.
Chœur

4. Vers l'avenir marchons sans
[crainte
Et sans souci du lendemain,
Pas à pas nos pieds dans
[l'empreinte
De ses pieds sur notre chemin
Chœur

A. GLARDON.

26. VENEZ AU SAUVEUR QUI VOUS AIME

1. VENEZ au Sauveur qui vous aime,
Venez il a brisé vos fers ;
Il veut vous recevoir lui-même,
Ses bras vous sont ouverts.

Chœur :
   Oh ! quel beau jour, Sauveur fidèle,
   Quand, nous appuyant sur ton bras,
   Dans la demeure paternelle
   Nous porterons nos pas !

2. Venez, pécheurs, il vous appelle,
Le bonheur est dans son amour!
Ah ! donnez-lui ce cœur rebelle,
Donnez-le sans retour.
Chœur

3. Le temps s'enfuit, l'heure s'écoule,
Qui sait si nous vivrons demain ?
Jésus est ici dans la foule ;
Ah ! saisissez sa main !
Chœur

A. GLARDON.

27. QUI ME RELÈVE DANS MES CHUTES ?

1. QUI me relève dans mes chutes ?
C'est Jésus-Christ !
Qui combat pour moi dans mes
[luttes ?
C'est Jésus-Christ.

Jésus a parlé, je veux croire,
Que je puis lutter pour sa gloire,
Car mon bouclier, ma victoire,
C'est Jésus-Christ !

2. Je vais à mon Père, et ma voie
C'est Jésus-Christ.
Je suis bienheureux, et ma joie
C'est Jésus-Christ.
Et, si même dans la souffrance,
Mon cœur me parle d'espérance,
C'est que j'ai mis ma confiance
En Jésus-Christ.

3. Sauvé, je ne me glorifie
Qu'en Jésus-Christ ;
Pour la terre et le ciel ma vie
C'est Jésus-Christ.
Bientôt adieu, choses mortelles!
Loin de vous je prendrai des ailes
Vers les demeures éternelles,
Vers Jésus-Christ !

H. MONOD

28. AU PIED DE LA CROIX SANGLANTE

1. AU pied de la croix sanglante,
Où tu t'es donné pour moi,
Mon âme émue et tremblante,
Ô Jésus se livre à toi.
Chœur :
   Le parfait bonheur,   (bis)

C'est de mettre tout mon être
À tes pieds, Seigneur !

2. Me voici pour ton service,
   Je ne garde rien pour moi,
   Sur l'autel du sacrifice,
   Je me place par la foi.
   Chœur

3. Oui tu pris ma vie entière,
   Mis sur moi ton divin sceau ;
   Tu fis d'un fils de poussière,
   Un enfant du Dieu très-haut
   Chœur

4. À la gloire, aux biens du monde,
   Je renonce pour jamais ;
   Que le Saint-Esprit m'inonde
   De ta joie et de ta paix !
   Chœur

5. Si ma faiblesse est bien grande,
   Ta force est plus grande encore,
   Ô Jésus, qu'elle me rende
   Fidèle toute la vie
   Chœur

6. Ô félicité suprême !
   Ta grâce est mon bouclier,
   Et je t'appartiens, je t'aime,
   toi qui m'aimas le premier
   Chœur

29. MISÉRICORDE INSONDABLE

1. MISÉRICORDE insondable !

Dieu peut-il tout pardonner ?
Absoudre un si grand coupable,
Et mes péchés oublier ?

Chœur :
Jésus, je viens ! je viens à toi !
Tel que je suis, je viens à toi !
Jésus, je viens ! je viens à toi !
Tel que je suis, prends-moi.

2. Longtemps j'ai, loin de sa face,
   Provoqué son saint courroux,
   Fermé mon cœur à sa grâce,
   Blessé le Sien devant tous.
   Chœur

3. O Jésus, à toi, je cède,
   Je veux être libéré ;
   De tout péché qui m'obsède
   Être à jamais délivré.
   Chœur

4. Alléluia ! plus de doute,
   Mon fardeau m'est enlevé ;
   Pour le ciel je suis en route,
   Heureux pour l'éternité.
   Chœur

Chant de l'Armée du Salut

30. TEL QUE JE SUIS, SANS RIEN À MOI

1. Tel que je suis, sans rien à moi,
   Sinon ton sang versé pour moi,
   Et ta voix qui m'appelle à toi ;

Agneau de Dieu, je viens !

[je viens !

2. Tel que je suis, bien vacillant,

En proie au doute à chaque

[instant,

Lutte au dehors, crainte au

[dedans,

Agneau de Dieu, je viens !

[je viens !

3. Tel que je suis, ton cœur est prêt

À prendre le mien tel qu'il est,

Pour tout changer, Sauveur parfait

Agneau de Dieu, je viens !

[je viens !

4. Tel que je suis, ton grand amour

À tout pardonné sans retour,

Je veux être à toi dès ce jour ;

Agneau de Dieu, je viens !

[je viens !

D'après CH. ELLIOT

31. JÉSUS, PAR TON SANG PRÉCIEUX

1. JÉSUS, par ton sang précieux,

Enlève mon iniquité,

Regarde-moi du haut des cieux,

Dis-moi que tu m'as pardonné

J'ai longtemps erré, cœur rebelle,

Mais j'entends ta voix qui

[m'appelle,

Au pied de ta croix, maintenant,

Tout confus, brisé, je me rends

Chœur :

Blanc, plus blanc que neige, (bis)

Lavé dans le sang de l'agneau,

Je serai plus blanc que la neige!

2. Oh ! le fardeau de mon péché,

Dieu très saint, est trop grand

[pour moi,

Je veux en être délivré,

À cette heure, oh ! révèle-toi

Jésus, viens, sois ma délivrance,

Seul tu peux calmer ma

[souffrance !

Au pied de ta croix, maintenant,

Tout confus, brisé, je me rends.

3. Ô Jésus, ton sang précieux,

À lavé mon iniquité ;

Oui, tu m'as répondu des cieux,

Ton amour m'a tout pardonné.

Je te contemple et je puis croire

Qu'en toi j'ai complète victoire...

Au pied de ta croix maintenant

Je me relève triomphant !

Chœur :

Blanc, plus blanc que neige, (bis)

Lavé dans le sang de l'agneau,

Mon cœur est plus blanc que

[*la neige.*

A. HUMBERT

32. NE CRAINS RIEN, JE T'AIME !

1. NE CRAINS rien, Je t'aime !
   Je suis avec toi !
   Promesse suprême
   Qui soutient ma foi.
   La sombre vallée
   N'a plus de terreur,
   L'âme consolée,
   Je marche avec mon Sauveur

Chœur :

   Non jamais tout seul (bis)
   Jésus mon Sauveur me garde
   Jamais ne me laisse seul
   Non, jamais tout seul (bis)
   Jésus mon Sauveur me garde
   Je ne suis jamais tout seul.

2. L'aube matinière
   Ne luit qu'aux beaux jours,
   Jésus, ma lumière,
   M'éclaire toujours !
   Quand je perds de vue
   L'astre radieux,
   À travers la nue,
   Jésus me montre les cieux !
   Chœur

3. Les dangers accourent,
   Subtils, inconnus :
   De près ils m'entourent,
   Plus près est Jésus,

Qui dans le voyage,
Me redit : « C'est moi ! »
Ne crains rien, courage :
Je suis toujours avec toi.
Chœur

Mlle E. SCHÜRER

33. OH ! C'EST LA CROIX NOTRE CHEMIN

1. OH ! C'est la croix notre chemin,
   Sur ce chemin il faut quitter
   Et le monde et le moi
   Et tous ceux qui nous sont chers.
   Oui pour la gloire du Seigneur,
   Nous ne faillirons pas
   S'il faut perdre la vie,
   Oui nous mourrons.

2. Très difficile d'avancer,
   De tous côtés toujours pressés,
   Le courant contre nous
   Mais à Jésus nous regardons.
   Oui nous ne faillirons pas,
   Notre Dieu est vivant,
   Par la force de son bras,
   Nous sommes vainqueurs.

3. Adieu papa, Adieu maman,
   À nous revoir les chers amis,
   Sur le champ du combat
   J'entends une voix qui m'appelle.
   Oui, c'est la voix du Seigneur,
   Qui m'appelle, qui m'appelle,

Me voici mon Jésus
Je te suivrai.

P. FOKA (P&M) 1981

34. ENTRE TES MAINS J'ABANDONNE

1. ENTRE tes mains j'abandonne
   Tout ce que j'appelle mien.
   Oh ! ne permets à personne,
   Seigneur, d'en reprendre rien !
   Oui, prends tout, Seigneur ! (bis)
   Entre tes mains j'abandonne
   Tout avec bonheur

2. Je n'ai pas peur de te suivre
   Sur le chemin de la croix.
   C'est pour toi que je veux vivre,
   Je connais, j'aime ta voix.
   Oui, prends tout, Seigneur ! (bis)
   Sans rien garder je te livre
   Tout avec bonheur.

3. Tu connais mieux que moi-même
   Tous les besoins de mon cœur;
   Et, pour mon bonheur suprême,
   Tu peux me rendre vainqueur :
   Oui, prends tout, Seigneur ! (bis)
   Je ne vis plus pour moi-même,
   Mais pour mon Sauveur.

4. Prends mon corps et prends
   [mon âme
   Que tout en moi soit à toi ;
   Que par ta divine flamme
   Tout mal soit détruit en moi !
   Oui, prends tout, Seigneur ! (bis)
   Prends mon corps et prends
   [mon âme ;
   Règne sur mon cœur !

35. L'HEURE APPROCHE, LA NUIT VIENT

1. L'HEURE approche, la nuit vient
   Où je n'pourrai plus
   Me lever, travailler ;
   Il sera trop tard.

Chœur :
   Le repos (bis)
   Ne se trouve qu'en Lui,
   À présent mon repos c'est de le
   [servir

2. le temps s'envole, il s'enfuit,
   Que n'puis-je l'arrêter ?
   Mais il court, mais il court,
   Qui peut le saisir ?
   Chœur

3. La souffrance et la douleur,
   Tout cela passera
   Quand le Roi reviendra,
   Je verrai l'bonheur.
   Chœur

4. La couronne de la vie
   Me sera donnée ;
   Quand Jésus reviendra,

Je serai couronné
Chœur

P. FOKA (P&M) 1989

36. DIS-MOI QUEL EST LE BUT DE TA VIE

1. DIS-MOI quel est le but de ta vie ?
   Ce que tu fais sur la terre.
   Sais-tu quel est le but de ma vie ?
   Gagner le monde pour Jésus.

Chœur :
   Nous devons (bis)
   Faire de toutes les nations
         [des disciples
   Le Seigneur (bis)
   Ne nous l'a-t-il pas commandé ?

2. Nous devons l'évangile de Jésus,
   À tous les six continents.
   En Libye, en Russie, au Yémen,
   Jésus sera proclamé
   Chœur

3. Nous dirons que c'est pour nos
         [péchés,
   Qu'Il fut cloué sur la croix.
   Nous irons annoncer qu'il est
         [mort,
   Pour tous les hommes de la terre.
   Chœur

4. Nous allons proclamer sa victoire,
   À toute la création.

Nous devons exalter sa grandeur,
Et tout genou fléchira.
Chœur

5. Nous ne trahirons pas le grand
         [Roi,
   Il est l'agneau immolé.
   Son sang n'a-t-il pas coulé pour
         [nous ?
   Nous devons le couronner.
   Chœur

P. FOKA (P&M)

37. LE MONDE M'A CLOUÉ SUR CETTE CROIX

1. LE MONDE m'a cloué sur cette
         [croix infâme
   M'accablant sous les coups de sa
         [brutalité
   Mais Dieu, pour te sauver versa
         [sur mon âme
   Tout le bourbier fangeux de ton
         [péché.

Chœur :
   Ne crains pas désormais, pauvre
         [brebis errante
   Tu ne connaîtras plus l'angoisse ou
         [l'épouvante.
   Tout péché m'atteignit et j'en portai
         [le poids
   Qui te condamnerait une seconde
         [fois ?

2. Ne crains pas, ne crains pas,
[ma brebis retrouvée
Je saurai te défendre, ô toi que
[j'ai sauvée
Comment guidée par moi,
perdrais-tu ton chemin ?
Quel ennemi pourrait te ravir
[de ma main ?

Chœur :

Aucun fardeau ne pèse à ma
[*puissante épaule.*
De mes travaux sans fin, ton salut
[*me console.*
Au prix dont je t'acquis, j'estime ta
[*valeur*
Maintenant, pose en paix ta tête sur
[*mon cœur !*

3. Et serré contre lui, je sentais
[son cœur battre
D'un rythme égal et fort, paisible
[et triomphant.
Et le mien aussitôt cessa de se
[débattre,
Comme l'oiseau captif dans la
[main d'un enfant.

Chœur :

Oh ! Comme du berger je partageais
[*la joie*
En trouvant ce repos cherché jadis
[*en vain !*

L'amour à l'adversaire avait ravi
[*sa proie*
Et me portait, paisible, au grand
[*repos, le repos divin.*

J. ESSIENNE (P&M) 1987

38. MERVEILLEUX AMOUR

Chœur :

Merveilleux amour,
Mystérieux amour
De Jésus pour moi sur une croix
Merveilleux amour, mystérieux
[*amour*
De Jésus pour moi à Golgotha !

1. Il m'a donné la vie
C'est pourquoi je chante
[aujourd'hui
Il m'a donné la vie
Je veux être pour lui.
Chœur

2. Tu me dis mon enfant
Ma puissance est dans ta faiblesse
Tu me dis mon enfant
Ma grâce te suffit.
Chœur

E. BAYIHA (P&M)

39. TOI ÉGARÉ, CONNAIS-TU TON LENDEMAIN ?

1. TOI égaré, connais-tu ton
[lendemain ?

Dans tes chemins tu te sens
[heureux
Mais souviens-toi
Ton long chemin obscur
Te conduira droit vers la mort.

Chœur :

Il frappe (bis)
L'Agneau de Dieu Oui ! À ta porte
Il frappe (bis)
Ouvre-lui donc, car il t'implore

2. Le crucifié t'appelle
[aujourd'hui
Ses meurtrissures te donnent
[la vie
Son sang versé
Sur la croix t'appelle
Oui crois en lui, il est Sauveur.
Chœur

3. Qui donc perdrait, ami si tu
[refusais ?
Serait-ce lui le fils de Dieu ?
Non ! Jésus-Christ
Voudrait bien te sauver
Pour toi il a donné sa vie.

Chœur :

Il frappe (bis)
L'Agneau de Dieu ton rédempteur
Il frappe (bis)
Après ce jour, il s'en irait

Après ce jour, il serait trop tard

J. ESSIENNE

40. Ô ! DIEU MERCI, MERCI POUR TON ESPRIT

Chœur :

Ô ! DIEU merci, merci pour ton
[*esprit*
Merci pour ton fils Jésus-Christ.
Chantons à Dieu, chantons à notre
[*Roi*
Celui qui nous donne la victoire.

1. Toi mon ami, que fais-tu ici-bas?
As-tu pensé à ton créateur ?
Ne sais-tu pas qu'il t'a donné
Un libérateur qui est Jésus ?

Chœur :

Reviens mon ami, reviens à Jésus !
Car c'est toi qu'il cherche à sauver.
Reviens, et crois, reviens repens-toi
Car il veut te donner son Esprit.

2. Ecoute sa douce voix, au fond de
[ton cœur,
Qui te dit : «viens, viens mon
[enfant !»
Ne doute plus, crois en Jésus
Et tu auras le vrai bonheur.
Chœur

3. N'hésite pas, mais crois seulement!

Au sang versé, par Jésus sur la
[croix
Car très bientôt, Il reviendra
Pour chercher ceux qui auront
[cru.
Chœur

E. BAYIHA (P&M)

41. TOI QUI DISPOSES

1. TOI qui disposes
   De toutes choses,
   Et nous les donnes chaque jour,
   Reçois, ô Père ! Notre prière
   De reconnaissance et d'amour.

2. Le don suprême
   Que ta main sème
   C'est notre pardon, c'est ta paix;
   Et ta clémence, trésor immense,
   Est le plus grand de tes bienfaits.

3. Que, par ta grâce,
   L'instant qui passe
   Serve à nous rapprocher de toi !
   Et qu'à chaque heure vers ta
   [demeure
   Nos cœurs s'élèvent par la foi.

Mlle SAUTIER

42. À JÉSUS JE M'ABANDONNE

1. À JÉSUS je m'abandonne ;
   Ce qu'il me dit, je le crois,

Et je prends ce qu'il me donne,
La couronne avec la croix

Chœur :
   Compter sur lui d'heure en heure,
   Tant que dure le combat ;
   { Que l'on vive ou que l'on meure
   Compter sur lui, tout est là } (bis)

2. Que si l'ennemi se montre,
   Mon cœur n'en est point troublé;
   Avec Christ à sa rencontre
   Je puis aller sans trembler
   Chœur

3. Suis-je en paix ? vers la lumière
   Mon chant s'élève, attendri,
   Pour se changer en prière
   Si l'horizon s'assombrit.
   Chœur

4. Qu'on m'approuve ou qu'on me
   [blâme,
   Et demain comme aujourd'hui,
   Je ne veux, quoi qu'on réclame,
   Jamais compter que sur lui.
   Chœur

A. GLARDON

43. QU'IL FAIT BON À TON SERVICE

1. QU'IL fait bon à ton service,
   Jésus, mon Sauveur !
   Qu'il est doux le sacrifice,

Que t'offre mon cœur !

Chœur :
  Prends, ô Jésus prends ma vie,
  Elle est toute à toi !
  Et dans ta grâce infinie,
  Du mal garde-moi !

2. Mon désir, mon vœu suprême,
   C'est la sainteté !
   Rien je ne veux et je n'aime
   Que ta volonté !
   Chœur

3. Comme l'ange au vol rapide
   Je veux te servir,
   les yeux fixés sur mon guide,
   Toujours obéir
   Chœur

4. Travail, douleur et souffrance,
   Non, je ne crains rien !
   Toi, Jésus, mon Espérance,
   Voilà mon seul bien !
   Chœur

5. Ensemble donc vers la gloire,
   Marchons en avant !
   Chantant l'hymne de victoire

   Toujours triomphant !
   Chœur
   A. HUMBERT

44. JÉSUS DIT :
«JE SUIS LE CHEMIN»

Chœur :
  JÉSUS dit : je suis le Chemin,
  La Vérité, et la Vie. Demeurez tous
                          [en moi
  Et comme le Père m'a aimé
  Je vous ai aussi aimés,
  Demeurez dans mon amour !

1. Si vous demeurez en moi
   Et que mes paroles, demeurent en
                          [vous,
   Demandez ce que vous voudrez,
   Et cela vous sera accordé.
   Chœur

2. Jésus dit : je suis le pain de vie
   Celui qui vient à moi,
   N'aura jamais, jamais faim
   Chœur

3. Celui qui demeure en moi
   Et en qui je demeure,
   Porte beaucoup de fruits
   Car sans moi vous ne pouvez rien.
   Chœur

4. Vous êtes la lumière du monde
   Et le sel de la terre,
   Je suis avec vous chaque jour
   Jusqu'à la fin du monde.
   Chœur
   E. BAYIHA (M)

45. ROC SÉCULAIRE

1. ROC séculaire, frappé pour moi
   Sur le calvaire, je viens à toi,
   Tu sais mes chutes,
   Ô mon Sauveur !
   Tu vois mes luttes
   Et ma douleur.

Chœur :
   { Roc séculaire, frappé pour moi
   Sur le calvaire, je viens à toi } (bis)

2. Oh ! purifie, lave, Seigneur,
   Et sanctifie mon pauvre cœur.
   Ma main tremblante
   Ne t'offre rien ;
   Ta croix sanglante
   Est mon seul bien
   Chœur

3. Dans la détresse sois mon berger,
   Ma forteresse dans le danger,
   Et qu'à toute heure,
   Que chaque jour,
   Mon cœur demeure
   En ton amour.
   Chœur
   TOPLADY

46. JESUS EST UN TRÉSOR IMMENSE

1. JESUS est un trésor immense;
   Ô ! quel trésor !
   Mieux que tous les biens

[il satisfait;
   Ô ! quel trésor !
   Ici argent, et gloire tout passe
   les plaisirs viennent et s'envolent.
   Jésus seul me remplit de joie,
   Ô ! quel trésor !

2. Je n'ai jamais manqué de rien ;
   Ô ! quel trésor !
   Il cherche à combler tous mes
                         [désirs
   Ô ! quel trésor !
   Bien des fois j'ai eu des besoins;
   En tout temps il m'a secouru ;
   En lui j'ai connu l'abondance.
   Ô ! quel trésor !

3. Je sais que tu seras fidèle ;
   Dans ton amour !
   Et que chaque jour de ma vie ;
   Tu pourvoiras.
   Que tout ce monde tombe en
                         [faillite;
   Que la crise fasse ses ravages,
   Je sais tu tiendras tes promesses ;
   Dans ton amour.

   LES FIDÈLES DE NGOUSSO (P) 23.12.89

47. Ô ! TOI QUI DIS QUE

Chœur :
   Ô ! TOI qui dis que Jésus-Christ
                         [n'est pas vivant,
   Viens donc goûter à la joie qu'il

[*donne.*

Et toi qui aimes ce qui ne te nourrit
[*pas,*
Viens à Jésus et tu n'auras plus faim

1. Et toi qui te livres aux plaisirs de
[la terre,
Ne sais-tu pas que c'est contre
[son Esprit ?
Jésus est venu te libérer de tout
[cela,
Pour que ta joie soit parfaite en
[lui.

Chœur

2. Ô toi qui te fies à ton intelligence,
Ne sais-tu pas que c'est contre
[son Esprit ?
Jésus est venu te libérer de tout
[cela,
Pour que ta joie soit parfaite en
[lui.

Chœur

3. Ô toi qui cherches à plaire aux
[hommes de la terre,
Ne sais-tu pas qu'il te veut à lui
[tout seul ?

Jésus est venu te libérer de tout
[cela,
Pour que ta joie soit parfaite en
[lui

Chœur

4. Ô toi qui cherches à te sauver par
[ta force,
Ne sais-tu pas que tu ne le pourras
[pas ?
Jésus est venu te libérer de tout
[cela,
Pour que ta joie soit parfaite en
[lui

Chœur

E. BAYIHA (P&M)

48. J'AI SOIF DE TA PRÉSENCE

1. J'AI SOIF de ta présence,
Divin chef de ma foi ;
Dans ma faiblesse immense
Que ferais-je sans toi ?

Chœur :
Chaque jour, à chaque heure,
Oh ! j'ai besoin de toi,
Viens, Jésus, et demeure
Auprès de moi.

2. Des ennemis dans l'ombre,
Rôdent autour de moi ;
Accablé par le nombre,
Que ferais-je sans toi ?
Chœur

3. Pendant les nuits d'orage,
D'obscurité, d'effroi,
Quand faiblit mon courage,
Que ferais-je sans toi ?

Chœur

4. Ô Jésus, ta présence
   C'est la vie et la paix,
   La paix dans la souffrance,
   Et la vie à jamais.
   Chœur

A. GLARDON

49. C'EST MON JOYEUX SERVICE

1. C'EST mon joyeux service
   D'offrir à Jésus-Christ,
   En vivant sacrifice,
   Mon corps et mon esprit.

Chœur :
   Accepte mon offrande,
   Bien-aimé fils de Dieu,
   Et que sur moi descende
   la flamme du saint lieu !

2. J'abandonne ma vie,
   Sans regret ni frayeur,
   À ta grâce infinie,
   Ô mon libérateur.
   Chœur

3. Qu'un feu nouveau s'allume
   Par ton amour en moi,
   Et dans mon cœur consume
   Ce qui n'est pas à toi !
   Chœur

4. Viens, Jésus, sois mon Maître ;
   Par ton sang racheté,
   À toi seul je veux être,
   Et pour l'éternité.
   Chœur

TH. MONOD

50. MON CORPS, MON CŒUR, MON ÂME

1. MON corps, mon cœur, mon
   [âme
   Ne m'appartiennent plus ;
   Ton amour les réclame ;
   Ils sont à toi, Jésus !

Chœur :
   Reçois mon sacrifice,
   Il est sur ton autel !
   Esprit, Esprit, descends,
   J'attends le feu du ciel

2. En toi je me confie,
   Je m'abandonne à toi ;
   Ton sang me purifie
   Et Ta grâce est ma loi.
   Chœur

3. Consacre mon offrande,
   Mets ton sceau sur mon cœur !
   le sceau que je demande
   C'est ton Esprit Seigneur.
   Chœur

A. FISCH

51. MON CŒUR JOYEUX, PLEIN D'ESPÉRANCE

1. MON cœur joyeux, plein
[d'espérance,
S'élève à toi, mon rédempteur !
Daigne écouter avec clémence
Un pauvre humain, faible et
[pécheur.
En toi seul est ma confiance,
En toi seul est tout mon bonheur.

2. C'est vers ton ciel que, dans ma
[course
Je vois aboutir tous mes pas ;
De ton Esprit la vive source
Me rafraîchit quand je suis las ;
Et, dans le danger, ma ressource
Est dans la force de ton bras.

3. Le jour, je marche à ta lumière ;
La nuit je repose en ton sein ;
Dès le matin, à ma prière,
Tu viens éclairer mon chemin,
Et chaque soir, ô mon bon Père,
Tu prépares mon lendemain.

4. Je vois ainsi venir le terme
De mon voyage en ces bas lieux,
Et j'ai l'attente vive et ferme
Du saint héritage des cieux ;
Quand la trompette retentira,
Je m'en irai victorieux !

C. MALAN (4ème strophe modifiée)

52. TOUJOURS JOYEUX, TELLE EST NOTRE DEVISE

1. TOUJOURS joyeux, telle est notre
[devise,
Joyeux d'avoir Jésus-Christ pour
[Sauveur
Oui, joyeux même alors qu'on
[nous méprise,
Rien ne saurait assombrir notre
[cœur.
N'ayons pas peur de l'adversaire
Marchons en chantant vers les
[cieux.
{ Triomphant déjà sur la terre,
Toujours joyeux, toujours
[joyeux ! } (bis)

2. Joyeux encore au fort de la
[bataille,
Nous combattrons pour lui toute
[la vie.
Ah pourrions-nous pour plaire à
[qui nous raille,
Trahir jamais de Jésus le drapeau !
Que nul de nous ne le renie !
N'est-il pas un Roi glorieux ?
{ Bravons pour lui la moquerie

Toujours joyeux, toujours
joyeux } (bis)

3. Toujours joyeux ! Un jour, devant
[les anges,

Jésus dira : « ces vaillants sont à
[moi »
Nos cœurs alors d'éclater en
[louanges,
Pour ce Jésus notre bien-aimé Roi.
Souffrir pour lui, bonheur
[suprême !
Victorieux par son secours.
{ Nous resterons, puisqu'il nous
aime, toujours joyeux, joyeux
toujours } (bis)

E. BONNARD

53. OÙ IRAS-TU QUAND JÉSUS REVIENDRA

Chœur :

OÙ iras-tu quand Jésus reviendra,
Quand il viendra chercher ses élus ?
En un clin d'œil ils seront tous
[*enlevés*
Où iras-tu quand Jésus reviendra ?

1. Il y aura bientôt deux mille ans,
Qu'il est venu mourir sur une
[croix ;
À cause de toi Jésus-Christ fut
[crucifié !

Où iras-tu quand Jésus reviendra?
Chœur

2. Lorsqu'il était cloué sur ce bois,
Voici ce qu'il a dit à son Père :

« Père pardonne-leur car ils ne sa
[vent ce qu'ils font »
Où iras-tu quand Jésus reviendra ?
Chœur

3. Viens avec nous viens te préparer!
Tourne-toi aujourd'hui vers Jésus,
Ouvre-lui ton cœur et donne-lui
[ta vie :
Alors tu partiras avec Jésus.

Chœur :
Alors nous partirons avec Jésus.
Quand il viendra chercher ses élus,
En un clin d'oeil nous serons tous
[*enlevés !*
Alors nous partirons avec Jésus.

E. BAYIHA (P)

54. MON CŒUR VOUDRAIT T'AIMER

1. MON cœur voudrait t'aimer
Assez t'aimer,
Pour pouvoir supporter,
Tout supporter :
La souffrance et la peine,
L'injustice et la haine.
Je veux assez t'aimer
Pour tout supporter.

2. Mon cœur voudrait t'aimer,
Assez t'aimer,
Pour pouvoir accepter,
Tout accepter,

Quand je ne puis t'entendre,
Accepter sans comprendre.
Je veux assez t'aimer
Pour tout accepter.

3. Mon cœur voudrait t'aimer,
Assez t'aimer,
Pour pouvoir espérer,
Tout espérer :
La fin de la souffrance,
La pleine délivrance.
Je veux assez t'aimer
Pour tout espérer.

M. WARGENAU-SALLENS

55. MON DIEU, PLUS PRÈS DE TOI

1. MON Dieu, plus près de toi,
Plus près de toi !
C'est le mot de ma foi :
Plus près de toi.
Dans le jour où l'épreuve
Déborde comme un fleuve,
Garde-moi près de toi,
Plus près de toi

2. Plus près de toi, Seigneur,
Plus près de toi !
Tiens-moi dans ma douleur
Tout près de toi.
Alors que la souffrance
Fait son œuvre en silence
Toujours plus près de toi,

Seigneur, tiens-moi !

3. Plus près de toi, toujours
Plus près de toi !
Donne-moi ton secours,
Soutiens ma foi.
Que Satan se déchaîne,
Ton amour me ramène
Toujours plus près de toi,
Plus près de toi.

4. Mon Dieu plus près de toi !
Dans le désert
J'ai vu, plus près de toi,
Ton ciel ouvert.
Pèlerin, bon courage !
Ton chant brave l'orage
Mon Dieu, plus près de toi,
Plus près de toi !

CHATELANAT

56. PAR LA CROIX, OUI ! J'ENTRERAI AU CIEL

1. PAR la croix, oui ! j'entrerai au
                                    [ciel
Par la croix de mon Seigneur Jésus
Par la croix oui ! j'entrerai
Dans les saints lieux de mon Dieu.

Chœur :
Par la croix,
Jésus mon Seigneur me sauva
En mourant sur le calvaire
Oui pour tous mes péchés.

2. Sur la croix, oui ! Mon Seigneur

[cria

Oui ! quand la souffrance excéda,
Il souffrit pour moi pécheur,
Moi objet sans valeur.
Chœur

3. Par la croix Jésus me délivra
Car il vint mourir, oui ! à ma

[place

Il accepta l'outrage
Et fit de moi son frère.
Chœur

J. ESSIENE 1979

57. JESUS EST LE ROC, LE ROC DE MON SALUT

Chœur :

JESUS est le Roc, le Roc de mon

[*salut.*

Si tu crois en lui, il te ressuscitera
Au dernier jour pour la vie avec lui.

1. Il n'y a pas longtemps
J'étais égaré dans mon péché.
Mais Jésus, est venu vers moi,
Lui le Bon Berger pour me sauver.
Il est l'Agneau de Dieu qui ôte
Le péché du monde !   (bis)

1ère voix   : Jésus
2ème voix : Jésus
3ème voix : Jésus
4ème voix : Jésus,

Jésus, Jésus est le Roc !
Chœur

2. Oh quel changement
Il a apporté dans toute ma vie ;
Maintenant je suis son enfant.
Oui, je le sais car il vit en moi.
Jésus-Christ est le Libérateur,
C'est lui qui transforme !   (bis)
Jésus, Jésus, Jésus,
Jésus, Jésus, Jésus est le Roc !
Chœur

3. Que c'est merveilleux
D'être lavé dans son sang précieux,
Et de savoir sans aucun doute
Que je suis sauvé vraiment sauvé !
Celui qui a le Fils de Dieu a
La vie éternelle (bis)
Jésus, Jésus, Jésus,
Jésus, Jésus, Jésus est le Roc !
Chœur

4. Tout mon avenir
Est bien assuré entre ses mains
Ici-bas, je vis pour lui seul
Et bientôt il revient me chercher !
Jésus a dit : « je reviens bientôt ,
Oui ! je reviens bientôt,
Oui ! je viens bientôt ».
Jésus, Jésus, Jésus,
Jésus, Jésus, Jésus est le Roc !
Chœur

E. BAYIHA (P&M)

58. LE SEIGNEUR JÉSUS

Chœur :

LE SEIGNEUR *Jésus,*
Il nous a aimés
Il nous a choisis
Pour être la lumière du monde ;
Et c'est lui que nous attendons
Car il revient très bientôt
Pour chercher tous ceux qui auront
[*cru.*

1. Nous étions errants comme
[des brebis
Et chacun suivait sa voie ;
Mais Jésus est venu vers nous,
Plein de zèle et plein d'amour ;
Il nous offrit gratuit le salut
Et fit de nous ses élus ;
C'est pourquoi nous proclamons
[son nom !
Chœur

2. Il nous a envoyés dans le monde
Pour annoncer l'évangile
Qui délivre du péché
Et guérit les cœurs brisés.
Si tu te détournes de tes voies
Jésus te pardonnera
Comme nous, tu pourras aussi
[chanter.
Chœur

3. Quand la trompette retentira

Jésus-Christ apparaîtra ;
Ceux qui l'auront rejeté
Resteront et souffriront,
Mais ceux qui l'auront toujours
[aimé
Tous les morts et les vivants,
Le rencontreront tous dans les
[airs.
Chœur

C. BITJOKA, B. LOBE & LES AUTRES

59. ENTENDS-TU L'APPEL

1. ENTENDS-tu l'appel du Maître ?
Il te veut pour moissonneur ;
Réponds-lui : «Oui, je veux être,
Ô Jésus, ton serviteur !»
La moisson est déjà mûre,
Les épis dorés sont pleins ;
C'est l'instant où la nature
Aime à nous livrer ses biens.

2. Sous le soleil de l'Afrique
Le païen meurt dans la nuit ;
Jésus, ton Roi pacifique,
A pourtant souffert pour lui.
Quitte, ô chrétien, ta patrie
Pour servir, au loin ton Roi.
Va dire, au prix de ta vie,
Ce que Jésus fit pour toi.

3. Mais dans la mission lointaine
Tous ne peuvent s'engager ;
Ceux qui vont semer la graine,

Tu dois les encourager ;
Ils ont besoin d'argent : donne,
De soutien : prie avec eux,
Pour que l'ouvrier moissonne
D'un cœur vaillant et joyeux.

E. BONNARD

60. COMME UN FLEUVE IMMENSE

1. COMME un fleuve immense
   Est la paix de Dieu.
   Parfaite elle avance,
   Vainqueur en tout lieu ;
   Parfaite elle augmente
   Constamment son cours ;
   Parfaite, sa pente
   S'abaisse toujours.

Chœur :
   Fondés sur Dieu même,
   Nos cœurs à jamais
   Ont pour bien suprême
   Sa parfaite paix.

2. Sous ta main meurtrie,
   Se brise, ô mon Roi,
   Toute arme ennemie
   Faite contre moi !
   Rien ne peut me nuire
   Ni troubler mon cœur,
   Tu veux me conduire,
   Tu seras vainqueur.
   Chœur

3. Tu traces ma voie :
   J'y marche avec foi :
   L'épreuve et la joie
   Me viennent de toi !
   Cadran de nos vies,
   Marque, chaque jour,
   Les heures bénies
   Du soleil d'amour
   Chœur

4. Océan de gloire,
   Paix de mon Sauveur
   Gage de victoire !
   Trésor de bonheur !
   Ta grâce infinie,
   Coulant nuit et jour,
   Inonde ma vie
   De vagues d'amour !

Chœur :
   Selon ta promesse,
   O Jésus, mon Roi !
   Je trouve sans cesse
   Paix parfaite en Toi !

Mlle E. SHÜRER

61. SI JE SUIS DANS L'OBSCURITÉ

1. SI je suis dans l'obscurité
   Je ne pourrai avancer
   J'aurai besoin de lumière
   Pour ne point m'égarer.

Chœur :
   Gare à l'insensé qui éteint sa lampe!

Qui le guidera (bis)
Au dehors noir ?
Merveilleuse lumière
Je ne m'éloignerai de toi.
Merveilleuse lumière, tu me
                    [*guideras.*

2. Si je demeure en toi
   Je ne trébucherai point
   Je serai éclairé.
   Loin de moi les ténèbres !
   Chœur

3. Je garde ma vie en Christ
   Serre sa parole dans mon cœur
   Elle est du pétrole
   Pour la lampe de mon esprit
   Elle est du pétrole pour mon âme
   Chœur

J. OSSOM ZOK

62. MOMENT SI DOUX DE LA PRIÈRE

1. MOMENT si doux de la prière

   Où Dieu, m'élevant jusqu'à lui,
   Se révèle à moi comme un Père,
   Comme un Sauveur, comme un
                    [appui.

2. Oh ! oui, je t'aime, heure bénie,
   Je te désire avec ardeur,
   Car déjà souvent dans la vie,
   Tu m'as sauvé du tentateur.

3. C'est toi, doux moment de prière

Qui me transportes jusqu'aux
                    [cieux,
Où Jésus, mon ami, mon frère,
Lui-même présente mes vœux.

4. Déjà souvent dans la tristesse
   Tu fus ma force et mon espoir ;
   Pour qui te recherche sans cesse
   Jamais il n'est de ciel trop noir.

Mme MEGROZ

63. SEIGNEUR, SEIGNEUR, QUE TON ESPRIT

1. SEIGNEUR, Seigneur,

   Que ton Esprit descende sur nous,
   Selon ta parole.
   Que ton Esprit descende sur nous,
   Selon ta promesse

2. Seigneur, Seigneur,

   Que ta puissance descende sur
                    [nous
   Selon ta parole
   Que ta puissance descende sur
                    [nous
   Selon ta promesse.

3. Seigneur, Seigneur,

   Que ton onction repose sur nous,
   Selon ta parole
   Que ton onction repose sur nous,
   Selon ta promesse.

P. FOKA (P&M) 10.09.1988

64. OH ! QUE TON JOUG EST FACILE !

1. OH ! Que ton joug est facile !
Oh ! Combien j'aime ta loi !
Dieu saint, Dieu de l'évangile,
Elle est toujours devant moi.
De mes pas, c'est la lumière,
C'est le repos de mon cœur ;
Mais pour la voir tout entière,
Ouvre mes yeux, bon Sauveur !

2. Non, ta loi n'est point pénible,
Pour quiconque est né de toi ;
Toute victoire est possible,
À qui combat avec foi,
Seigneur, dans ta forteresse,
Aucun mal ne m'atteindra ;
Si je tremble en ma faiblesse,
Ta droite me soutiendra.

3. D'un triste et rude esclavage,
Affranchi par Jésus - Christ,
J'ai part à ton héritage,
Au secours de ton Esprit.
Au lieu d'un Maître sévère,
Prêt à juger, à punir,
Je sers le plus tendre Père,
Toujours prêt à me bénir.

4. Dieu qui guide, qui console,
J'ai connu que le bonheur,
C'est de garder tes paroles,
Et je les serre en mon cœur.
Fais-moi marcher dans ta voie,
Et me plaire en tes statuts.
Si je cherche en toi ma joie,
Je ne serai pas confus.

65. TOUJOURS TA DIVINE PRÉSENCE

1. TOUJOURS ta divine présence
Jette un rayon sur mon chemin ;
Et le cœur joyeux, je m'avance :
Je n'ai pas peur du lendemain.

Chœur :
Où tu voudras, je veux te suivre ;
Agneau de Dieu, conduis mes pas.
Vivre sans toi ce n'est pas vivre ;
Je ne puis être où tu n'es pas.

2. Oh ! que jamais rien ne me voile
Ton doux regard, bien-aimé Roi !
Dans le danger, brillante étoile,
Garde mes yeux fixés sur toi.

Chœur

3. Auprès de toi la vie est belle,
C'est le bonheur, la liberté,
C'est une jeunesse éternelle,
C'est le ciel, la félicité !

Chœur

CH. ROCHEDIEU

66. JE SUIS HEUREUX JE CHANTE !

1. JE SUIS heureux je chante !

C'est pour toi
Ma douce mélodie
C'est pour toi
Autour de moi égaye
C'est pour toi
Je t'aime, je t'adore ô Jésus (bis)

2. C'est pour toi que je veux vivre
Ô Seigneur
Mon cœur je te le donne
Ô Seigneur
Et dans ma vie entière
Ô Seigneur
{ Parle, commande, règne
        [tu es Roi } (bis)

3. Et quand l'épreuve viendra
Ô Seigneur
À toi je saurai crier
Ô Seigneur
Je sais tu es fidèle
Ô Seigneur
{ Sur toi je me repose,
        [à jamais } (bis)

4. Que se dressent les montagnes
Pour ta gloire
Que brillent tous les astres
Pour ta gloire
Que chantent les cigales
Pour ta gloire
{ Et tous les saints te disent
        [Alléluia ! } (bis)

M. YOMBI (P&M)

67. ME VOICI SEIGNEUR JÉSUS

1. ME VOICI Seigneur Jésus
Prends le trône de mon cœur,
Règne sur moi, tu es Roi.
Gloire soit à toi Seigneur !

2. Jésus viens oh ! viens mon Dieu,
Libère mon esprit, mon Dieu
Je veux t'adorer Seigneur
En esprit, en vérité.

3. Je bannis ma volonté :
Donne-moi ta volonté
Fais-moi marcher sur tes voies
Dans tout détail de ma vie.

4. Seigneur circoncis mon cœur ;
Je te donne tout mon cœur ;
Je te livre toute mon âme ;
Toute la force de mon cœur.

H. KAPNANG (P&M)

68. IL EST LE DIEU QUI ACCOMPLIT SES PROMESSES

Chœur :
IL est le Dieu qui accomplit
        [ses promesses ;
Il appelle ce qui n'est pas
Comme si c'était déjà.
Il est le Dieu qui accomplit
        [ses promesses
Il amène toutes choses à l'existence.

1. Ce que je suis ici aujourd'hui,

Dieu l'avait déjà appelé à
[l'existence hier;
Ce que je serai demain,
Il l'appelle à l'existence
[aujourd'hui.
Chœur

2. Ce que je dois donc faire
[aujourd'hui.
C'est de connaître ce qu'il appelle
[à l'existence ;
Ce que je ferai demain,
De le confesser et de l'accomplir
Chœur

E. BAYIHA

69. J'AI ÉTÉ CRUCIFIÉ AVEC CHRIST

GAL 2 : 20

1. J'AI été crucifié avec Christ   (bis)
Et si je vis, et si je vis
Ce n'est plus moi qui vis
C'est Christ qui vit en moi.

E. BAYIHA

70. Ô VOUS QUI N'AVEZ PAS LA PAIX

1. Ô VOUS qui n'avez pas la paix,
Venez, Jésus la donne,
Pure, profonde, et pour jamais,
Venez, Jésus pardonne.
Quand Jésus remplit un cœur,
Il déborde de bonheur,

Et l'effroi ne l'atteint plus,
Gloire, gloire à Jésus !

2. Vous qui tombez à chaque pas,
Venez, Jésus délivre ;
Celui qui se jette en ses bras
Peut à toujours le suivre.
Quand Jésus remplit un cœur,
Il déborde de bonheur,
Car il ne chancelle plus,
Gloire, gloire à Jésus !

3. Vous qui tremblez sous la terreur
Que la mort vous inspire,
Venez, votre Libérateur
A détruit son empire.
Avec lui nous revivrons,
Avec lui nous régnerons,
Et la mort ne sera plus,
Gloire, gloire à Jésus !

Mlle N. COULIN

71. QUEL REPOS CÉLESTE JÉSUS D'ÊTRE À TOI

1. QUEL repos céleste Jésus, d'être à
[toi !
À toi pour la mort et la vie,
Dans les jours mauvais de chanter
[avec foi :
Tout est bien, ma paix est infinie !

Chœur :
   Quel repos ! (ter)
   Quel céleste repos !

2. Quel repos céleste ! Mon fardeau
                          [n'est plus
Libre par le sang du calvaire,
Tous mes ennemis, Jésus les a
                          [vaincus,
Gloire et louange à Dieu notre
                          [Père !
Chœur

3. Quel repos céleste ! Tu conduis
                          [mes pas,
Tu me combles de tes richesses,
Dans ton grand amour, chaque
                          [jour tu sauras
Déployer envers moi tes
                          [tendresses.
Chœur

4. Quel repos céleste, quand enfin,
                          [Seigneur,
Auprès de toi j'aurai ma place,
Après les travaux, les combats,
                          [la douleur,
À jamais je pourrai voir ta face !
Chœur

A. HUMBERT

72. PROCLAMONS DE DIEU LES BIENFAITS

1. PROCLAMONS de Dieu les
                          [bienfaits
En chœur, chantons sa grandeur.
Il est notre ferme Rocher ;

Tout ce qu'il fait est parfait.
Chœur :
   Nous avons un Dieu fidèle
   En lui, point d'iniquité ;
   Il est la bonté suprême,
   Que son nom soit exalté !

2. Il fit de nous ses bienheureux
   En sacrifiant son fils ;
   Oh ! quel ineffable bonheur
   D'être à jamais ses enfants !
   Chœur

3. Nous avons du prix à ses yeux
   Nous sommes ses rachetés.
   Il veille sur nous nuit et jour,
   Nous conduit avec amour.
   Chœur

4. Il nous accorde sa grâce ;
   Son amour ne peut changer.
   Il est un Père merveilleux ;
   Que son nom soit glorifié.
   Chœur

H. KAPNANG (P)

73. TOUT JOYEUX, BÉNISSONS LE SEIGNEUR

1. TOUT JOYEUX, bénissons
                          [le Seigneur,
Chantons et célébrons ses
                          [louanges,
Adorons avec foi le Sauveur,

Nous joignant aux célestes
[phalanges.

Chœur :
{ Gloire à Dieu, gloire à Dieu !
Que ce chant retentisse
[en tout lieu } (bis)

2. Dieu dans son incomparable
[amour,
Du ciel envoya son fils unique,
Et la terre et les cieux, dans ce
[jour,
S'unissent pour chanter ce
[cantique.
Chœur

3. Le châtiment qui produit la paix,
Jésus-Christ l'a subi pour mon
[âme;
Il voulut expier nos forfaits
En mourant, lui, sur le bois
[infâme.
Chœur

4. Nous voulons, en retour, bon
[Sauveur
T'aimer par-dessus toute autre
[chose
Forme ton amour dans notre
[cœur,
Et puis, de chacun de nous
[dispose !
Chœur

G. JAULMES

74. TA MAIN SE DÉPLOYA

1. TA MAIN se déploya
Pour leur donner un même cœur
Pour leur faire exécuter
L'ordre du Roi (bis)
L'ordre de ses chefs.

2. Qu'elle se déploie, (oui nous te
[prions)
Qu'elle se déploie
Pour nous donner Seigneur,
Ce même cœur.
Qu'elle se déploie (bis)
Pour nous donner Seigneur,
Un même cœur.

M. YOMBI (P&M) 04/1988

75. OH ! QUE TA MAIN PATERNELLE

1. OH ! que ta main paternelle
Me bénisse à mon coucher !
Et que ce soit sous ton aile
Que je dorme, ô mon Berger !(bis)

2. Veuille effacer, par ta grâce,
Les péchés que j'ai commis,
Et que ton Esprit me fasse
Obéissant et soumis ! (bis)

3. Fais reposer sous ta garde
Mes amis et mes parents,
Et que ton oeil les regarde
De ton ciel petits et grands !(bis)

4. Que ta faveur se déploie
   Pour consoler l'affligé ;
   Donne au pauvre un peu de joie,
   Au malade la santé. (bis)

5. Seigneur, j'ai fait ma prière ;
   Sous ton aile, je m'endors,
   Heureux de savoir qu'un Père
   Plein d'amour veille au dehors(bis)
   A. GLARDON

76. MÊME SI ON M'ACCULE

1. MÊME si on m'accule,
   Même si je souffre,
   Je sais que Dieu
   Ne ment jamais ;
   Certainement il reviendra (bis)
Chœur :
   Au fond de moi,
   J'ai cette conviction ;
   À u-dedans de moi
   Cela me presse (bis)
   Même si quelquefois
   J'ai été troublé,
   Je sais une chose :
   Ce n'est plus loin. (bis)

2. J'avancerai
   Et j'avance.
   La persécution ?
   Le Seigneur l'a subie ;

Aucun disciple n'est plus que son
                              [maître
Chœur

3. Je vais travailler
   Tant que j'aurai ce souffle
   Et publier
   Ce grand message,
   À tous ceux qui ne l'ont ouï.
   Chœur

   B. LOBE (P&M)

77. SEMONS DÈS L'AURORE

1. SEMONS dès l'aurore, (bis)
   Quand le soleil luit ; (bis)
   Et semons encore
   Lorsque vient la nuit
   Dieu peut faire éclore
   La fleur et le fruit

Chœur :
   { Bon courage, amis !
   Bon courage, amis !
   Nous irons joyeux
   Cueillir les épis } (bis)

2. Semons pour le Maître, (bis)
   Parlons du Sauveur ; (bis)
   Semons, car peut-être
   Un pauvre pécheur
   Par nous pourra naître

Au seul vrai bonheur.
Chœur

3. La tâche est immense (bis)
Et les cœurs sont prêts (bis)
Donc bonne espérance !
Nul travail n'est vain :
De Dieu la puissance
Fait germer le grain.
Chœur

78. OUI ! MON CŒUR EST PLEIN D'ESPÉRANCE

1. OUI ! mon cœur est plein
[d'espérance
De douceur, de paix, de joie
Oui ! mon cœur est plein
[d'espérance,
D'amour et de vie.

2. C'est une histoire qui naît un jour
Je ne sais comment (ni) pourquoi
Une merveilleuse histoire d'amour
Jésus m'a sauvé.

Chœur :
Oui il vit en moi, Jésus-Christ
Le merveilleux, l'admirable ;
Oui, il vit en moi Jésus-Christ,
Il m'aime et je l'aime.

3. Et les épreuves ne manquent pas
Je connais bien la douleur ;
Mais du secours de mon Saveur,

Je ne manque pas.

4. Et puis un jour viendra la fin
La fin des pleurs, du chagrin.
Il a promis il vient bientôt
Il me prendra là-haut.
Chœur

5. Veux-tu avec moi espérer,
Que bientôt tout passera ?
Le monde et toute sa vanité
Seront balayés.

6. Veux-tu au festin de l'Agneau
De bonheur être comblé ?
Viens à Jésus, viens maintenant
Oh ! il t'aime tant.
Chœur

M. YOMBI

79. O JÉSUS DANS LA PASSION

1. Ô JÉSUS dans la passion
De ton amour pour moi
Acceptant condamnation
Par tes sujets ô Roi,
À la pire des trahisons
Tu offris ton pardon,
Subissant tout abandon
Pour prix de ma rançon.

2. Ton corps subit la souffrance
Ton âme le tourment
Afin que j'ai l'espérance
Oh ! quel amour clément

Ta grâce salutaire
Ta bonté sans pareille
Sur la croix du calvaire
Proclament tes merveilles.

3. Quel est ce don suprême,
   Quel en est le secret ?
   Un sacrifice extrême,
   Total et sans regret ;
   L'obéissance au Père,
   Ta soumission à lui
   Défient mon cœur austère
   Et j'en suis fort ébloui

4. Ton amour m'humilie,
   Me presse et me contraint
   Prends le don de ma vie
   Elle est en toi étreinte
   Ton amour me réclame
   Ta passion, ta douleur
   Exigent que je t'aime
   Pour prix de ta langueur.

5. Mon Jésus, ô mon Maître,
   Mon suprême bonheur,
   Captive tout mon être,
   Possède tout mon cœur
   Source de satisfaction
   Désormais devenu
   Mon unique satisfaction
   Mon Sauveur, mon Jésus.

C. M. BIDJA ("Rédempteur adorable")

80. VEUX-TU BRISER DU PÉCHÉ LE POUVOIR ?

1. VEUX-TU briser du péché le
                    [pouvoir ?
   La force est en Christ ! (bis)
   Si dans ton cœur tu veux le
                    [recevoir :
   La force est dans le sang de Christ

Chœur :
   Je suis fort, fort ! oui, plus que
                    [vainqueur,
   Par le sang de Jésus !
   Je suis fort, fort ! oui, plus que
                    [vainqueur,
   Par le sang de Jésus mon Sauveur !

2. Veux-tu braver et la mort et
                    [l'enfer ?
   La force est en Christ ! (bis)
   Jésus, d'un mot fait tomber tous
                    [tes fers :
   La force est dans le sang de Christ
   Chœur

3. Veux-tu marcher toujours pur,
                    [triomphant ?
   La force est en Christ ! (bis)
   Pour te garder Jésus est
                    [tout-puissant :
   La force est dans le sang de Christ
   Chœur

4. Veux-tu du ciel t'approcher
[chaque jour ?
La force est en Christ ! (bis)
Avec Jésus demeurer pour
[toujours ?
La force est dans le sang de Christ
Chœur

G. GUILLOD

81. MOI J'AI DÉCIDÉ DE SUIVRE JÉSUS

Chœur :

MOI j'ai décidé de suivre Jésus (ter)
Je sais qu'il revient très bientôt,
Oui très bientôt.

1. Oh quel bonheur, oh quelle joie
D'appartenir à Jésus.
Oh quel mystère, Jésus en moi,
L'espérance de la gloire !
Oui, car sur la croix,
Jésus a pris ma place,
{ Et le châtiment qui me donne la
[paix } (bis)
Est tombé sur lui.
Chœur

2. Je me réjouirai en l'Éternel,
Ravi d'allégresse ;
Car il m'a vêtu de son salut
Et m'a couvert de sa délivrance.
Oui car sur la croix,
Jésus a pris ma place ;

{ Et le châtiment qui me
[donne la paix } (bis)
Est tombé sur lui.
Chœur

3. Je me réjouirai, en l'Éternel,
Ravi d'allégresse ;
Car il m'a vêtu de son salut
Et m'a couvert de sa délivrance.
C'est pour toi aussi
Qu'il est mort sur la croix,
{ Et le châtiment qui te
[donne la paix } (bis)
Est tombé sur lui.

Chœur :
{Veux-tu décider de suivre
[*Jésus } (ter)*
Tu sais, il revient très bientôt,
Oui très bientôt.

E. BAYIHA (P&M)

82. TRAVAILLONS ET LUTTONS, NOUS SOMMES AU SEIGNEUR

1. TRAVAILLONS et luttons, nous
[sommes au Seigneur.
Suivons l'étroit sentier qui conduit
[à la vie
Jésus marche avec nous, avançons
[sans frayeur,
il nous garde et son bras toujours
[nous fortifie.

Chœur :

Travaillons et luttons, (bis)
Soyons prêts et prions,
Bientôt le Maître va venir !

2. Travaillons et luttons ! Que les
[cœurs affligés,
Les perdus loin de Dieu
Retrouvent l'espérance
Vers la croix dirigeons leurs
[regards angoissés,
Pressons-les d'accepter Jésus, leur
[délivrance.

Chœur

3. Travaillons et luttons ! il nous
[appelle tous,
Le champ nous est ouvert et la
[moisson est grande,
Pour servir notre Chef ne pensons
[plus à nous.

En avant vers le but ! Le Maître
[le demande.

Chœur

4. Travaillons et luttons ! Sans Jamais
[nous lasser,
De notre Rédempteur élevons la
[bannière,
Fidèles jusqu'au bout, sachons
[persévérer,

Le repos nous attend dans sa
[pleine lumière.

Chœur

A. HUMBERT

83. JE LÈVE MES YEUX VERS TOI SEIGNEUR

1. JE LÈVE mes yeux vers toi
[Seigneur
Pour te contempler dans ta
[splendeur ;
Et ma voix est l'écho de mon
[cœur
Pour te dire mon amour.

2. Au petit matin, de louange éclate
Toute l'œuvre de tes mains.
À ce chant de gloire je mêle mon
[cœur
Pour te dire «Alléluia» !

3. Je lève mes yeux vers toi Seigneur
Pour te contempler dans ta
[splendeur ;
Et ma voix est l'écho de mon
[cœur
Pour te dire mon amour.

M. YOMBI (P) 1987 *(air coréen)*

84. JE TE CÉLÈBRE DE TOUT MON CŒUR

Psaume 138

1. JE TE célèbre de tout mon cœur,

Je chante tes louanges en la
[présence de Dieu.
Je me prosterne dans ton saint
[temple,
Je célèbre ton nom, ô mon Dieu!
À cause de ta bonté et de ta
[fidélité,
Car ta renommée s'est accrue
Par l'accomplissement de tes
[promesses.

2. Le jour où je T'ai invoqué,
Tu m'as exaucé, tu m'as rassuré,
Tu as fortifié mon âme Dieu de
[bonté.
Tous les rois de la terre te
[loueront !
Éternel en entendant les paroles
[de ta bouche ;
Ils célébreront tes voies,
Car la gloire de l'Éternel est
[grande.

3. L'Éternel est élevé : il voit les
[humbles,
Il reconnaît de loin les
[orgueilleux.
Quand je marche au milieu de la
[détresse,
Tu me rends la vie, ô mon Dieu !
Tu étends ta main sur la colère de
[mes ennemis,
Et ta droite me sauve, ô Éternel !

L'Éternel agira en ma faveur

E. NZIMA (M)

85. NOUS VOICI SEIGNEUR JÉSUS !

1. NOUS voici Seigneur Jésus !
Nous sommes reconnaissants ;
Merci pour ce rendez-vous
De ton grand amour.
Oui, Seigneur !
Merci pour ce rendez-vous
De ton grand amour.

2. Nous voici Seigneur Jésus !
Nous sommes reconnaissants ;
Nous venons te rendre grâce
Pour ton grand amour
Oui Seigneur !
Nous venons te rendre grâce
Pour ton grand amour.

3. Nous voici Seigneur Jésus !
Membres de ton Église
Daigne nous rendre soumis,
Comme toi Seigneur
Oui, Seigneur !
Daigne nous rendre soumis
Comme toi Seigneur.

4. Nous voici Seigneur Jésus,
Enrôlés dans ton armée !
Daigne nous rendre vaillants
De vaillants soldats
Oui, Seigneur !

Daigne nous rendre vaillants
Comme toi Seigneur.

E. N. HONGNYO (P&M)

86. QUELLE GLOIRE

Chœur :

QUELLE gloire (bis)
Quel bonheur d'être pour toujours
Près du trône de la gloire
Quelle gloire (bis)
Quand j'entrerai dans le céleste

[*séjour.*

1. Le grand jour de notre Seigneur
   Oui le grand jour de la gloire
   Quand je m'assiérai aux noces de
                           [l'agneau
   Avec tous les saints en chœur
   Je chanterai dans sa gloire
   J'entonnerai le saint cantique
                           [nouveau
   Chœur

2. Tu es digne notre Seigneur
   Toi l'agneau immolé
   De prendre le livre et d'en ouvrir
                           [les sceaux
   Car Tu es le Rédempteur
   Qui nous a tous rassemblés
   Nous chantons à la gloire de
                           [l'agneau
   Chœur

3. Sois exalté, ô mon Jésus
   De la mort, Tu es vainqueur
   Et tu fais de nous un sacerdoce
                           [royal
   Pour Dieu un peuple élu.
   Oui un peuple élu.
   Oui un peuple de vainqueurs
   Qui désormais serviront d'un
                           [cœur loyal.

C. M. BIDJA

87. À DE NOUVEAUX COMBATS

1. À de nouveaux combats,
   Jésus, Tu nous appelles,
   Et nous voici fidèles,
   Prêts à suivre tes pas.
   Conduis-nous aux combats :
   Nous sommes tes soldats.

Chœur :

Arme nos bras,
Arme nos cœurs,
{ Et nous serons plus que
        [vainqueurs ! } (bis)
Arme nos bras, arme nos cœurs.

2. Arme-nous, ô Seigneur !
   De foi, de hardiesse,
   De force, de sagesse,
   D'amour et de ferveur ;
   Embrase-nous, Seigneur,
   D'une invincible ardeur.
   Chœur

3. Nous tiendrons ferme et haut
   La croix, notre bannière,
   Pour vaincre l'adversaire
   Par le sang de l'Agneau.
   Oui, nous tiendrons bien haut
   Ta croix, notre drapeau.
   Chœur

4. Luttons, prions, souffrons !
   Nous aurons la victoire ;
   La couronne de gloire
   Un jour ceindra nos fronts.
   Luttons, prions, souffrons,
   Bientôt nous régnerons !
   Chœur

   E. BUDRY

88. CELUI QUI MET EN JÉSUS

1. CELUI qui met en Jésus
   Une pleine confiance,
   Jamais ne chancelle plus,
   Complète est sa délivrance.

   Chœur :
   Par la foi nous marcherons,
   Par la foi nous triomphons,
   Par la foi mon Rédempteur
   Me rendra plus que vainqueur !

2. Dans les jours d'adversité,
   Quand tu sens gronder l'orage,
   Regarde en sécurité
   À Christ, et reprends courage !
   Chœur

3. Quand Satan veut te troubler,
   Enlever ton espérance,
   Ton passé te reprocher,
   Que Christ soit ton assurance !
   Chœur

4. Par la foi je marcherai,
   En comptant sur ses promesses,
   Par lui je triompherai
   En tout temps de mes détresses !
   Chœur

   A. HUMBERT

89. DIEU A UN PLAN POUR MA VIE

Chœur :
   DIEU a un plan pour ma vie (bis)
   J'irai partout dans le monde
   Prêcher la bonne nouvelle

1. Je ne suis plus comme ces
                    [vagabonds
   Qui tournent et errent sur la terre;
   Hantés par la peur de l'inconnu
   Comme des bergers sans
                    [troupeau.
   Chœur

2. Il y a de cela pas très longtemps
   J'étais comme tous mes amis
   Lassé, dégoûté de mes péchés
   Je n'étais pas dans ma peau.
   Chœur

3. J'ai entendu parler de Jésus
   L'Agneau qui mourut pour moi,
   Qui a préparé le chemin
   Qui m'a ramené à Dieu.
   Chœur

P. FOKA (P&M) 1990

90. NOUS N'AVONS PAS

1. NOUS n'avons pas (ter)
   Ici-bas de cité permanente
   Nous en cherchons une meilleure
   Différente de celle d'où nous
                [sommes sortis.

Chœur :
   Car nous cherchons une patrie.
   Nous attendons une cité ;
   Celle que notre Dieu nous a
                [promise
   Le pays au-delà du Jourdain.

2. Seigneur Jésus (ter)
   Ô Seigneur écoute nos prières
   Et montre-nous le chemin
   Qui nous conduira dans ce pays
                [des géants.
   Chœur

3. Renonce à toi (ter)
   Et suis-moi sans détour, ni regret.
   Sanctifie-toi, travaille dur

Sois soumis et marche dans
                [l'intégrité.
Chœur

4. Renonce à toi (ter)
   Persévère dans le jeûne, la prière ;
   Souviens-toi de mes promesses ;
   Et crois en mes prophètes,
   Tu verras ma gloire.
   Chœur

5. Seigneur Jésus (ter)
   Je te donne mon cœur et mon
                [bras.
   Prends ma vie et mon trésor ;
   Je les mets sur l'autel, bénis-moi
                [Seigneur.
   Chœur

P. FOKA (P&M) 1993

91. MON FILS, MON CHER ENFANT

1. MON fils, mon cher enfant
   M'aimes-tu assez ?
   Ô si tu m'aimes assez,
   Pour tout risquer ;
   Je t'enverrai au loin
   En Inde ou en Irak ;
   Tu iras me servir
   Au prix de ta vie.

2. Mon fils, mon cher enfant
   M'aimes-tu assez ?

Ce que tu dois souffrir
Je te montrerai :
L'opposition des hommes,
La haine de l'ennemi.
Mais alors souviens-toi
Je suis avec toi.

3. Mon fils, mon cher enfant
M'aimes-tu assez ?
Pour aller pour toujours
Loin de ta patrie.
Missionnaire lève-toi,
Jésus est avec toi.
Sur le chemin étroit
Il te soutiendra

4. Si tu traverses les eaux,
Donne-lui ta main
Si tu passes par le feu
Caches-toi sous lui
Si l'enfer se déchaîne
Souviens-toi qu'il a dit :
Je serai avec toi
Jusqu'au dernier jour.

5. Si ta vie est rançon
Pour ce pays ;
La cause de l'Évangile
Ne la trahis pas.
Bon soldat prends courage
Souviens-toi qu'il a dit
« À celui qui vaincra
La couronne de vie »

P. FOKA (P) 1992

92. NOUS NE TRAVAILLONS PAS POUR MANGER

1. NOUS ne travaillons pas pour
[manger
Nous mangeons pour travailler.
S'il nous faut sur la terre
[dominer
Il nous faut bien travailler.

Chœur :
Nous devons (bis)
Assujettir toute la terre
Le Seigneur (bis)
Ne nous l'a-t-il pas commandé ?

2. Si tu ne peux tenir un rabot
Tu peux porter une houe.
Si tu ne peux être charpentier

Tu peux la terre cultiver.
Chœur

3. Les traités qu'il faudra envoyer
Seront le fruit d'un dur labeur.
Nous allons travailler sans relâche
Que Dieu bénisse nos efforts.
Chœur

4. Si tu n'es pas un grand
[millionnaire
Donne le peu que tu as.
Pourvu que tu le donnes de bon
[cœur

Dieu le fera prospérer.

Chœur

P. FOKA (P&M)

93. FANEZ-VOUS JOIES TERRESTRES

1. FANEZ-VOUS joies terrestres ;
   Jésus est mien
   Brisez tout tendre lien ;
   Jésus est mien
   La terre est un désert
   Obscur et sans repos
   Jésus seul peut bénir ;
   Jésus est mien.

2. Ne tentez point mon âme ;
   Jésus est mien
   De lui j'ai fait mon choix ;
   Jésus est mien
   Choses éphémères d'argile,
   Ô vanité qui passe
   Fuyez-loin de mon cœur ;
   Jésus est mien.

3. Adieu, rêves de nuit ;
   Jésus est mien
   Voici le jour qui luit ;
   Jésus est mien
   Mon cœur a tant cherché
   Mais n'a trouvé que vide
   Jésus m'a satisfait ;
   Jésus est mien.

4. Adieu mortalité ;
   Jésus est mien
   À moi l'éternité !
   Jésus est mien
   Venez ô bien-aimés,
   Viens, doux repos des saints
   Viens Sauveur, viens à moi,
   Jésus est mien.

H. MBARGA (trad)

94. IL POURVOIRA À NOS BESOINS

1. IL POURVOIRA à nos besoins
   Selon ses richesses en Jésus
   Nous remplira de tendres soins
   telle est sa promesse aux élus.

Chœur :
   Il pourvoira, il pourvoira
   Nos cœurs peuvent en être assurés
   Et demeurer en lui fondés
   Car notre Seigneur pourvoira.

2. A-t-on jamais à lui crié
   Sans recevoir un prompt secours ?
   Non, tous, nous pouvons attester
   Que vrai, fidèle est son amour.
   Chœur

3. À qui le comparerons-nous
   Pour le faire l'égal du Seigneur ?
   Il est unique ! Frères à genoux,
   Adorons Jésus le Seigneur.
   Chœur

4. Frères croyons à la vision
   Du Seigneur pour notre pays
   Et de tout cœur investissons !
   Oui travaillons avant la nuit.

Chœur :

   De toutes nations, ils partiront
   Les missionnaires de Jésus-Christ
   Ils partiront et rempliront
   Le monde entier de ses disciples.

   H. MBARGA (P) JUIN 1990

95. LÈVE-TOI, VAILLANTE ARMÉE

1. LÈVE-TOI, vaillante armée
   Pour les combats du Seigneur ;
   C'est ton Dieu qui t'a formée,
   C'est lui seul qui rend vainqueur.
   Soldats, à la sainte guerre,
   Préparez-vous en ce jour !
   { Il faut soumettre la terre
   Au roi de paix et d'amour. } (bis)

2. Allez révéler au monde
   L'amour du Dieu tout-puissant ;
   Dans l'obscurité profonde
   Annoncez le jour naissant.
   Aux peuples sans espérance,
   Dites que Christ est venu,
   { Apportant la délivrance,
   Au cœur coupable et perdu. } (bis)

3. Sur le plus lointain rivage,
   Portez l'éternelle croix ;
   Avec un nouveau courage,
   Partout élevez la voix.
   Qu'ainsi l'Église s'étende
   Ici-bas sous tous les cieux
   { Et que partout l'on entende,
   O Christ ! ton nom glorieux } (bis)

4. Heureux ceux qui pour leur
                        [Maître
   Auront voulu tout souffrir !
   Le grand jour fera connaître
   L'honneur qui les doit couvrir.
   Dans l'immortelle victoire
   De Jésus le Roi des rois,
   { Ils auront part à sa gloire,
   Ayant eu part à sa croix.} (bis)

   E. BERSIER

96. LÈVE-TOI ARMÉE DE GLOIRE

1. LÈVE-TOI armée de gloire
   De ton Roi tiens le drapeau ;
   De Jésus ton capitaine,
   Tu dois le porter très haut.
   Fais de Jésus ta passion,
   De vivre ta seule raison,
   { Ton amour, ton style de vie,
   Fais de Jésus ton seul but. } (bis)

2. Mais avant de nous lancer
   Avant d'aller conquérir;
   Offrons-lui donc tous nos cœurs
   Offrons-lui toutes nos vies,

À ses pieds sachons nous tenir,
De la croix, contemplons l'œuvre,
{ C'est d'ici que jaillit, le flot
D'amour pour tout le monde} (bis)

3. Nous irons au bout du monde
Des disciples nous ferons;
C'est l'ordre de notre Maître,
Nous ne le trahirons point.
En avant portons nos armes,
Ceignons-nous de vérité,
Prenons sur nous la droiture,
Faisons tout dans la prière,
{ Avec foi, vivons la Bible.
Avec zèle oui travaillons. } (bis)

4. Gens de destinée nous sommes
Serviteurs, sujet du Roi ;
Jésus est le Chef, le Berger,
Nous ne manquerons de rien.
À lui seul offrons nos vies,
Et entrons dans son service,
Quant aux affaires de la vie,
{ Nous ne nous embarrassons
[point.} (bis)

5. Nous irons dire à tout pécheur
À tous les désespérés;
Il y a pour eux de l'espoir
Il n'y a plus de condamnation
Christ s'est donné en rançon
{ Pour que tous avec le Père,
Par lui soient réconciliés. } (bis)

6. En avant toujours fidèles,
Dirigés par le Fidèle ;
Nous irons partout le monde,
La moisson est déjà prête.
En Europe, en Amérique,
En Asie comme en Afrique,
{ Dans toute l'Océanie
Jésus sera proclamé. } (bis)

M. YOMBI (P)

97. LA MOISSON EST GRANDE

Chœur :

LA moisson est grande mais il y a
[peu d'ouvriers
Priez donc le Maître de la moisson
{ D'envoyer des ouvriers
Des ouvriers dans sa moisson } (bis)

1. Voyant la foule Jésus fut ému de
[compassion pour elle
Une foule languissante et abattue
Comme des brebis qui n'ont point
[de berger.

Chœur

2. Voyant la France Jésus est ému de
[compassion pour elle
Une France trempée dans les
[œuvres des ténèbres.
Comme des brebis qui n'ont point
[de berger.

Chœur

3. Voyant la Chine Jésus est ému de
      [compassion pour elle
Une Chine si peuplée mais égarée
      [par des faux dieux
Comme des brebis qui n'ont point
      [de berger.
Chœur

4. La moisson est mûre, parmi les
      [nations, déjà les champs
      [blanchissent
Frères levons les yeux, hâtons-nous
      [donc d'obéir
La nuit vient où personne ne peut
      [travailler.

Chœur :
  LA moisson est grande mais il y a
      [peu d'ouvriers
  Prions donc le Maître de la moisson
  { Seigneur envoie des ouvriers,
  Des ouvriers dans ta moisson } (bis)

E. BAYIHA ET H. MBARGA (P&M)

98. TOI, FILS DE L'HOMME

Chœur :
  TOI, fils de l'homme
  Je t'établis sentinelle
  Sur la maison d'Israël (bis)
  Tu dois écouter la parole de ma
      [bouche
  Les avertir de ma part (bis)

1. Quand je dis au méchant,
Méchant tu mourras
Si tu ne parles pas pour détourner
Le méchant de sa voie
Ce méchant mourra dans son
      [iniquité
Et je te redemanderai son sang.
Chœur

2. Dis-leur : je suis vivant, dit le
      [Seigneur l'Éternel,
Ce que je désire ce n'est pas que le
      [méchant meure
Mais c'est qu'il change de conduite
      [et qu'il vive
Revenez de votre mauvaise voie.
Chœur

3. Quand je dis au Français,
Français tu mourras
Si tu ne parles pas pour
Détourner le Français de sa voie
Ce Français mourra dans son
      [iniquité
Et je te redemanderai son sang

Chœur :
  Toi fils de l'homme
  Je t'envoie comme missionnaire
  Vers le pays de la France (bis)
  Tu dois écouter la parole de ma
      [bouche
  Les avertir de ma part. (bis)

4. Quand je dis, Éthiopien, oh oui,
                        [tu mourras
   Si tu ne parles pas pour détourner
                        [l'Éthiopien de sa voie
   L'Éthiopien mourra dans son
                        [iniquité
   Et je te redemanderai son sang.

Chœur :

Toi fils de l'homme
Je t'envoie comme missionnaire
Vers le peuple éthiopien (bis)
Tu dois écouter la parole de ma
                        [*bouche*
Les avertir de ma part (bis)

E. BAYIHA ET H. MBARGA (P&M)

99. L'ÉGLISE EST FONDÉE

1. L'ÉGLISE est fondée,
   Sur Jésus son Seigneur
   Il l'a lui-même créée
   Par la parole et l'eau
   Des cieux il vint, la chercha
   En fit sa sainte Épouse,
   Par son sang il l'acheta
   Pour sa vie il mourut.

2. De toutes nations élue
   Mais une sur la terre
   La charte de son salut
   « Un Seigneur, une foi,
   Une seule naissance,

   Et un seul nom béni »
   Une seule espérance
   En lui la tient unie.

3. Et bien qu'on la méprise
   La voyant opprimée
   Déchirée par des schismes
   Et par des hérésies
   Les saints sans cesse attendent
   Leur cri : « Jusqu'à quand ? »
   Bientôt la nuit de larmes
   Sera le jour des chants.

4. En dépit des souffrances,
   Du bruit de la mêlée,
   Elle attend patiente
   Qu'enfin soit consommée
   La gloire éternelle
   Jusqu'au jour où, ravie,
   L'Église, pure et belle
   De paix sera bénie.

5. Elle est unie sur terre
   Au Dieu Père, Fils, Esprit
   Et par un saint mystère,
   Aux saints déjà partis
   Ô Seigneur par ta grâce,
   Avec ces bienheureux
   Puissions-nous voir ta face
   T'adorer dans les cieux.

H. MBARGA (Trad.)

100. VIENDRA-T-IL ?

1. VIENDRA-T-IL ? il viendra le
[réveil attendu
L'Esprit Saint descendra sur les
[saints attendant ;
Et la puissance du péché sera par
[lui brisée ;
Dieu dans son grand amour nous
[enverra sa pluie.

2. Notre Dieu notre Père reçois notre
[prière
Souviens-toi de Jésus, souviens-toi
[de la croix
N'entends-tu pas cette voix criant
[à Golgotha :
« Pardonne-leur, pardonne-leur
[ils ne savent ce qu'ils font.»

3. Rappelle-toi, rappelle-toi l'agonie
[de la croix
Et le sang du Seigneur sur le côté
[percé
Et le mot de victoire ce «Tout est
[accompli »
Que l'œuvre du calvaire porte des
[fruits nouveaux.

4. Les vieillards comme les jeunes
[seront tous affranchis
Les sorciers, les voleurs, seront
[aussi sauvés.

Et la puissance de Mamon sera
[enfin brisée
Un seul Dieu, un seul Roi régnera
[dans les cœurs.

P. FOKA 1992

101. TOUT EST À TOI SEIGNEUR

Chœur :
TOUT est à toi Seigneur
Le don le plus grand
Que tu as donné
C'est la Lumière
Qui est venue sur notre terre
Pour sauver tous ceux qui croient.

1. Tu créas la terre, tout était bon
Tu nous l'as confiée
Mais notre réponse ne fut que
[rébellion
Dieu aie pitié de nous !
Chœur

2. Tu immolas ton saint fils
Sur cette horrible croix
Tu l'as condamné pour nous
[justifier
Ô Éternel tu es bon !
Chœur

3. Et tu répandis ton Saint-Esprit
Pour nous fortifier

Et pour faire de nous des témoins
[du Dieu vivant
Ô Éternel Tu es grand !
Chœur

4. Tu nous as donné notre leader.
Pour nous servir de modèle
Ô Dieu aide-nous à suivre ce
[modèle
Pour satisfaire ton cœur.
Chœur

5. Tu nous as donné tes enfants
Pour que nous les servions
Ô Dieu donne-nous des cœurs de
[serviteurs
Pour satisfaire ton cœur.
Chœur

6. Tu nous as promis de revenir
Nous amener là-haut
Seigneur notre joie est dans ton
[avènement
Viens Seigneur viens bientôt !
Chœur

E. BAYIHA (P&M)

102. EH OUI ! POUR VOUS

Chœur :
  EH oui ! pour vous,
  Pour le Seigneur pour le prochain
  Nous voulons être des serviteurs.

1. Ici nous nous sommes rencontrés
[pour nous engager
Afin de servir dans le Seigneur.
Tous les hommes du monde
[entier.
Chœur

2. Car nous avons reçu du grand Roi
[cette commission
D'aller partout dans le monde
[entier.
Annoncer la bonne nouvelle.
Chœur

3. Le monde avec toutes sortes
[d'appâts, ne nous séduira
Car nous savons il est vanité
Le vrai trésor est en Jésus.
Chœur

4. Aussi loin que nous pourrons
[trouver la malédiction
Nous irons de la part de Jésus
Car le Seigneur est mort pour
[tous !
Chœur

P. FOKA (P)

103. ÉCOUTE LA VOIX QUI CRIE

1. ÉCOUTE la voix qui crie à ton
[cœur
Ouvre-moi, ouvre-moi.

Et c'est encore cette voix qui
[supplie
Ouvre-moi, ouvre-moi.

Chœur :
C'est le Seigneur qui frappe à
[ta porte
Si tu entends, ouvre-lui ton cœur
Il apporte l'eau de vie à ton cœur
[assoiffé
Ouvre-lui, ouvre-lui.

2. Toi qui cherches le chemin dans
[le noir
Ouvre-moi, ouvre-moi
Car je suis le vrai chemin de la vie
Ouvre-moi, ouvre-moi.
Chœur

3. C'est pour toi que j'ai souffert à
[la croix
Ouvre-moi, ouvre-moi.
J'ai porté tous tes péchés au
[calvaire
Ouvre-moi, ouvre-moi.
Chœur

4. N'aie pas peur, je ne te condamne
[pas
Ouvre-moi, ouvre-moi.
Je suis celui qui te donne la paix
Ouvre-moi, ouvre-moi.
Chœur

5. Mon cher ami, n'endurcis pas ton
[cœur
Ouvre-lui, ouvre-lui.
C'est peut-être la dernière fois qu'il
[t'appelle
Ouvre-lui, ouvre-lui.
Chœur

P. FOKA (P)

104. LOUEZ-LE

1. LOUEZ-LE
Dans les cieux règne le Dieu
[vivant
Celui qui par son verbe puissant
Fit la terre et le grand firmament
Louez-le, louez-le.

2. Qui comme lui du rocher fait
[jaillir
Une eau qui jamais ne peut tarir
Quiconque en boit ne saurait
[périr
Louez-le, louez-le.

3. À Ses yeux, mille ans sont comme
[un jour
Sur terre, l'homme a un si bref
[séjour
Mais, lui, l'Éternel, sera toujours.
Louez-le, louez-le.

4. Plions-nous sous son bras
[souverain
Car lui-même trace notre chemin

L'avenir, en lui, reste certain
Louez-le, louez-le.

H. MBARGA (P & M) 1991

105. UN AIGLE ET NON UNE POULE

Chœur :

JE NE vivrai pas comme une poule
Sur la terre
Mon nom n'ira pas dans la foule
Des humains

1. Pendant plusieurs années
   J'ai été enseigné
   J'ai été exhorté
   À faire de grandes choses pour
                            [Dieu
   Maintenant, je me lève pour un
                      [avenir glorieux
   Chœur

2. Je laisserai, Dieu aidant,
   Sur le sable du temps
   Des marques permanentes
   Pour la plus grande gloire de Dieu
   Et j'aurai investi tout mon être
   pour bâtir le royaume de Dieu.

Chœur :

Mon frère vivras-tu comme une
                 [poule sur la terre ?
Ton nom ira-t-il dans la foule
            [des humains ?

3. En ce qui me concerne, je ne serai
                      [pas une poule
   Je serai un aigle
   Car Dieu m'a donné des ailes
   Oui je m'envolerai vers les
                      [hauteurs
   Et je connaîtrai mon Seigneur.
   Chœur

4. Je donnerai ma vie
   Mon corps sera assujetti
   Je paierai le prix
   Pour une vie de destinée
   Qui aura des conséquences au
   ciel, sur terre et en enfer.

Chœur :

Oui ma vie aura sur la terre
Un impact
J'amènerai par la prière
Christ le Roi.

H. MBARGA (P&M) Dec. 1992

106. LE PÉCHÉ D'ADAM ENTRAÎNA LA MORT

Chœur :

LE PÉCHÉ d'Adam entraîna la
                      [mort
Dieu ne le toléra pas
Il ne tolérera pas le tien (bis)
Il donnera à chacun ce qu'il mérite.

1. Le monde vit dans le péché
   Les cœurs brisés, les foyers brisés

Les suicides, les divorces
En sont les conséquences.
Chœur

2. Tu es séparé de Dieu
   Voué au châtiment (éternel)
   À moins que tu ne te repentes
   L'enfer est ton salaire.
   Chœur

3. Il te donne dans son amour
   Un don merveilleux
   Jésus son Fils, c'est la vie
   Reçois-le dans ton cœur.
   Chœur

4. Tes œuvres sont inutiles
   Jésus seul suffira
   Pour apaiser la colère
   Du Dieu juste et saint.

Chœur :
   Il te tend la main ce Jésus
   Il te tend la main, sa main d'amour
   Il insiste pour te sauver
   Ouvre-lui, ouvre-lui,
   Ouvre-lui, ouvre-lui ton cœur !
   M. YOMBI (P&M)

107. TA GLOIRE EST GRANDE SUR TOUTE LA TERRE

Chœur :
   TA GLOIRE est grande sur toute la
   [*terre*

Ta majesté surpasse le ciel
Nous te louons, nous t'adorons
Ô Éternel Roi des rois notre
   [*Maître.*

1. Quand je vois le ciel ouvrage de
   [tes mains
   La lune et les étoiles que tu as
   [placées
   Je me demande : qui est l'homme ?
   Pour que tu penses tant à lui !
   Chœur

2. Ta majesté surpasse celle du ciel
   Mais c'est la voix des tous petits
   [enfants
   Que tu opposes à tes adversaires
   Elle est comme un rempart que
   [tu dresses.
   Chœur

3. Tu m'as fait presque l'égal de Dieu
   Tu m'as fait régner sur ta création
   Tu as tout mis tout mis à mes
   [pieds
   Méritais-je vraiment cet honneur ?
   Chœur

   M. YOMBI (P&M)

108. QUE CHERCHES-TU ?

Chœur :
   QUE cherches-tu ? quand tu ne
   [*cesses de courir*

Le matin à peine levé, tu cours !
[le soir lassé,
Tu t'écries je n'ai pas eu le temps, pas
[le temps
Je n'ai pas le temps, pas le temps est
[ton refrain.

1. Pourtant tu veux bien être
[heureux espérer vivre mieux

L'âme angoissée, le cœur ravagé tu
[restes insatisfait
En vain tu as marché en vain tu as
[couru.
Chœur

2. Autour de toi des amis, des frères
[ne sont plus
Ils ont couru sans rien emporter
Ils sont partis !
Oh! vanité de la course sans Jésus.
Chœur

3. La course après les richesses les
[plaisirs éphémères
La course après les bulles de savon
[la course !
Tu peux l'arrêter, tu peux être
[heureux
Chœur :
Prends donc le temps d'écouter ce
[que dit Jésus : Je t'aime !
J'ai payé le prix pour ta satisfaction

Sur cette croix j'ai tout accompli
[pour toi
Je suis ton sauveur, ton sauveur qui
[t'aime.

4. Viens tel que tu es adultère,
[voleur, qu'importe
Âme lassée, viens te reposer sur
[moi
Viens tu es pardonné, ton péché
[j'ai effacé
Je te veux maintenant et pour
[l'éternité (bis)

M. YOMBI (P&M)

109. COMBIEN DE CHEMINS

Chœur :
COMBIEN de chemins as-tu
[parcourus
Combien de fois, tu as hésité
Combien de fois tu as été déçu
Combien de fois tu as été trompé.

1. Tu as besoin d'être aimé
Tu as besoin d'être écouté
Besoin d'un ami, besoin de paix,
Et tu as cherché, cherché.
Chœur

2. Après les hommes tu courus
Et vers les dieux, tu t'es tourné
Aujourd'hui Mahomet, demain
[Bouddha

Marie et les saints, c'est pareil.
Chœur

3. Ton avenir est incertain
La paix du cœur tu ne connais
[pas
La véritable joie, tu ne connais pas
Et tu restes triste, désespéré.
Chœur

4. Laisse-moi te dire, te confier
Il y a un seul chemin, oui un seul
Pour arriver à ce bonheur
À ce paradis cherché.

Chœur :
Un seul chemin pour les angoissés
Un seul chemin pour les damnés
Un seul chemin pour les ratés
Un seul chemin pour les délaissés.

Oui c'est Jésus, Jésus le Fils de
Dieu, le Sauveur du monde...
Viens à Jésus, viens à lui
Et ton âme, il la sauvera.

M. YOMBI (P&M)

110. O QUEL BONHEUR D'ÊTRE SAUVÉ

Chœur :
Ô QUEL bonheur d'être sauvé
D'avoir ses péchés pardonnés
D'avancer chaque jour qui passe
Vers la maison du Père.

1. Si à lui tu t'es vraiment confié
Et tes voies tu as abandonnées
N'écoute pas cette voix trompeuse
Crois à la Sainte Parole.
Chœur

2. Pour toi commence la vraie vie
Avec joie va servir Jésus
Son joug est doux, il est léger
Ouvre-lui tout ton cœur.
Chœur

3. Tu connaîtras des difficultés
Ton maître a fait le même chemin
Il te conduira, t'instruira
Il ne t'oubliera pas.
Chœur

4. Pour le combat, tu as des armes
Demeure en lui, sois vrai et zélé
Pour annoncer la Bonne Nouvelle
Prie, lis la bible, agis.
Chœur

M. YOMBI (Air de venez au Sauveur)

111. Ô TENDRE PÈRE, DONNE-MOI

1. Ô TENDRE Père, donne-moi
Un cœur contrit et brisé
Oh un cœur qui sans murmure
Reconnaît sa pauvreté
Donne-moi (bis)
Un cœur contrit et brisé.

2. Que ta vue sur moi provoque
   La réaction que tu veux
   Ce regard qu'un jour tu posas
   Sur Pierre quand il te renia.
   Ce regard, ton regard
   Brise en moi la dureté.

3. Souvent je me suis demandé
   Comment tu l'as regardé
   Le regard d'un cœur blessé,
   D'un ami qui aime encore.
   Oui sur moi, ton regard
   Me fasse fondre en chaudes larmes
   L'oeil de mon Seigneur en peine
   Qui tait la justification

4. Mais fait fondre le cœur en
                        [larmes
   Ne cherche aucune raison.
   Donne-moi (bis)
   Un cœur contrit et brisé.

5. Bien que souffrant pose sur moi
   Ta vue pleine de déception
   Oh que je ressente avec toi
   Ta douleur causée par moi.
   Donne-moi (bis)
   Un cœur contrit et brisé.

6. Je veux connaître la haine
   Du péché que tu connais
   Cesser de me justifier
   L'œuvre de la croix accepter.
   Donne-moi (bis)

Un cœur contrit et brisé.

M. YOMBI (P)
(Musique de Seigneur, tu donnes ta grâce)

112. TOI MON AMI C'EST POUR TOI

Chœur :
   TOI mon ami c'est pour toi que je
                              [chante
   Mon cœur est plein, plein d'amour
                              [et de zèle
   J'ai l'évangile de paix à t'annoncer
   Oui j'ai l'amour, l'amour de Christ
                              [à te donner.

1. Ta route est-elle sombre, longue et
                              [triste
   Tu ne sais pas où elle te mène
   Tes lendemains sont bien
                              [incertains
   Tu ne sais pas où te conduira
                              [demain
   Chœur

2. Je sais où je vais et je suis
                              [rayonnant
   Mais cela n'a pas toujours été
                              [comm' c' la
   Mon histoire commence avec une
                              [rencontre
   Celle avec Jésus qui est devenu
                              [mon maître.
   Chœur

3. Jésus, c'est lui la raison de ma joie
   J'étais sous la malédiction divine
   Je traînais sans assurance de la vie
   Quand un jour, il est venu sur
   [mon chemin.
   Chœur

4. Il a pris sur lui notre malédiction
   Il a pris sur lui notre sanction
   Toi aussi tu peux être libéré
   Et comme moi tu pourras aussi
   [chanter.

Chœur

M. YOMBI (P&M)

113. À MOI LES CŒURS BRAVES !

1. « À MOI les cœurs braves ! »
   A dit le vainqueur
   Qui rompt les entraves
   Du pauvre pécheur.
   « Noble est la carrière :
   Qui veut y courir,
   Et, sous ma bannière,
   Combattre et vivre ? »

Chœur :
   À toi, divin Maître,
   Mon cœur et mon bras :
   Jésus, je veux être
   Un de tes soldats !

2. L'ennemi fait rage !
   Je sens ses fureurs ;

Comme un bruit d'orage
J'entends ses clameurs
Quand Satan déchaîne
Tous ses alliés :
Mais ce flot de haine
Expire à tes pieds.
Chœur

3. Ma couronne est prête :
   Tu m'as racheté !
   Ma justice est faite
   De ta sainteté.
   Ta grâce infinie
   Couvre mes péchés ;
   À ta croix bénie
   Ils sont attachés.
   Chœur

4. Après tant de luttes,
   Lassés, mais vainqueurs,
   Relevés des chutes,
   Guéris des douleurs,
   Gardés sous ton aile,
   Nous aurons toujours
   La paix éternelle
   Et pourrons chanter :

Chœur :
   « À toi les couronnes
   De tous les élus !
   C'est toi qui leur donnes
   Ton ciel, ô Jésus ! »

E. MONOD

114. JÉSUS-CHRIST EST MA SAGESSE

1. JÉSUS-CHRIST est ma sagesse ;
   Il éclaire mon chemin,
   Et je marche en ma faiblesse,
   Conduit par sa sûre main.
   Il éclaire mon chemin (bis)
   Et je marche en ma faiblesse,
   Conduit par sa sûre main.

2. Jésus-Christ est ma justice ;
   Son sang a coulé pour moi ;
   Je trouve en son sacrifice
   Paix et pardon par la foi.
   Son sang a coulé pour moi; (bis)
   Je trouve en son sacrifice
   Paix et pardon par la foi.

3. Jésus-Christ me sanctifie ;
   Au divin cep attaché,
   Je reçois de lui la vie
   Qui m'affranchit du péché.
   À toi, Jésus, attaché, (bis)
   Je reçois de toi la vie
   Qui m'affranchit du péché.

4. Jésus en payant ma dette,
   À grand prix m'a racheté,
   Près de lui ma place est prête
   Au ciel pour l'éternité,
   Jésus tu m'as racheté (bis)
   Et déjà ma place est prête
   Au ciel pour l'éternité

E. BUDRY.

115. AU COMBAT DE LA VIE

1. AU COMBAT de la vie
   Conscrits et vétérans,
   Le Seigneur nous convie :
   Soldats ! serrons nos rangs !
   Qu'au divin capitaine
   Notre cœur soit uni :
   La victoire est certaine
   Sous son drapeau béni.

2. La croix est sa bannière,
   Son beau nom est Jésus ;
   Des armes de lumière
   Il revêt ses élus.
   Son Esprit les enflamme
   Au plus fort des combats ;
   Son âme est dans leur âme,
   Sa force est dans leurs bras.

3. Jeunesse ardente et fière,
   Jeunesse au cœur vaillant,
   Donne-toi toute entière
   Au Sauveur Tout-Puissant !
   Soumise à sa loi pure,
   Tu mettras sous tes pieds,
   Tes péchés, ta souillure,
   Par sa mort expiés.

4. Par sa grâce infinie
   Il guérira tes maux ;
   Et, la lutte finie,
   Après bien des travaux,
   Sur ton front, qui rayonne

D'espoir et de clarté,
Il mettra la couronne
De l'immortalité !

E. MONOD

116. JÉSUS GUÉRIT, IL PARDONNE

Chœur :

{ *JÉSUS guérit, il pardonne*
Il délivre il libère. } *(bis)*

1. Es-tu déjà découragé
   Es-tu lassé par ton péché
   Ne t'en fais pas viens à lui
   Ne t'en fais pas viens à Jésus.
   Chœur

2. La maladie t'a-t-elle lassé
   Et tu souffres, souffres, vraiment
   Ne t'en fais pas viens à lui
   Ne t'en fais pas viens à Jésus.
   Chœur

3. Que de fardeaux tu as sur toi
   Et tu misères sous leur poids
   Ne t'en fais pas viens à lui
   Ne t'en fais pas viens à Jésus.
   Chœur

4. Que de marabouts tu as visités
   Que de remèdes tu as pris
   Ne t'en fais pas viens à lui
   Ne t'en fais pas viens à Jésus.
   Chœur

5. Que de démons t'ont tourmenté
   Et tu cherches la délivrance
   Ne t'en fais pas viens à lui
   Ne t'en fais pas Jésus délivre.
   Chœur

M. YOMBI (P&M)

117. VIENS AVEC TOUS TES FARDEAUX

{ *VIENS avec tous tes fardeaux mon*
[*ami*
Viens les déposer aux pieds
[*de Jésus* } *(bis)*

1. Es-tu fatigué, es-tu lassé
   Il te donnera le repos du cœur.
   Es-tu déçu, as-tu été trompé
   Ne t'en fais pas, Ô viens à lui.
   Chœur

2. Tu as trompé, tu as fait souffrir
   Il te pardonnera, viens à lui.
   Es-tu abandonné, es-tu raté
   Ô viens à lui, viens à Jésus.
   Chœur

3. Tu es voleur ou même menteur
   Son sang a coulé pour toi à
   [Golgotha.
   Ne t'en va pas, ne t'endurcis pas
   Tu pourrais avoir à le regretter.
   Chœur

4. Oui c'est pour toi, pour toi qu'il a
   [souffert

Oui c'est pour toi qu'il a tout
[accompli.
Il a vaincu le monde, il a vaincu
[Satan
Il a rompu toutes tes chaînes.
Chœur

5. Oui c'est pour toi, pour toi ce
[Golgotha
Oh ! c'est pour toi ce flot d'amour.
L'Ami des pécheurs, le Roi des
[rois
Frappe à ta porte, veux-tu ouvrir ?
Chœur

M. YOMBI (P&M)

118. UN NOM SI DOUX RÉJOUIT MON CŒUR

1. UN nom si doux réjouit mon
[cœur,
Me fait chanter ses louanges,
Brille d'une auguste splendeur :
Le plus beau nom Jésus

Chœur :
{Oui j'aime Jésus } (ter)
Qui m'aima le premier

2. Ce nom parle d'amour suprême,
De lui qui m'a sauvé,
Qui a versé son sang précieux
Pour ôter mes péchés.
Chœur

3. Et il me parle de ce que
Le Père a pour l'enfant :
De Sa grâce, son fort Esprit
Pour vaincre à chaque instant.
Chœur

4. Et il affirme qu'un ami
M'assiste à chaque épreuve,
Qu'il me soutient dans mon
[chagrin
De la peine m'enlève.
Chœur

119. SUR LA PLACE DU VILLAGE

1. SUR la place du village
Ils sont accourus,
Les malheureux de tout âge
Criant à Jésus :

Chœur :
Seigneur, doux Maître !
En toi seul j'ai foi.
Daigne restaurer mon être.
Seigneur, guéris-moi !

2. Qu'il vous soit fait, dit le Maître,
Selon votre foi.
Sa parole les pénètre,
Bannit leur effroi.
Chœur

3. Il pose ses mains bénies,
Sur leurs fronts brûlants

Et chasse la maladie
De leurs corps souffrants.
Chœur

4. Et soudain la vie divine,
   Restaure leurs corps ;
   Comme hier en Palestine,
   Il guérit encore.
   Chœur

120. COMME UNE TERRE ALTÉRÉE

1. COMME une terre altérée
   Soupire après l'eau du ciel,
   Nous appelons la rosée
   De ta grâce, Emmanuel !

Chœur :
Fraîches rosées
Descendez sur nous tous !
Ô divines ondées,
Venez arrosez-nous

2. Descends, ô pluie abondante,
   Coule à flots dans notre cœur,
   Donne à l'âme languissante
   Une nouvelle fraîcheur.
   Chœur

3. Ne laisse en nous rien d'aride
   Qui ne soit fertilisé ;
   Que le cœur le plus avide
   Soit pleinement arrosé.
   Chœur

4. Oui que les déserts fleurissent
   Sous tes bienfaisantes eaux,
   Que les lieux secs reverdissent
   Et portent des fruits nouveaux.
   Chœur

5. Viens, ô salutaire pluie,
   Esprit de grâce et de paix !
   Répands en nous une vie
   Qui ne tarisse jamais.
   Chœur

121. QUAND LA TROMPETTE CÉLESTE

1. QUAND la trompette céleste
   Annoncera les temps nouveaux,
   Quand poindra l'aurore de
   [l'éternité
   Et que s'ouvrira le grand livre de
   [vie de l'agneau,
   Pourrons-nous répondre à l'appel:
   [Je suis prêt ?

Chœur :
À l'appel de la trompette, (ter)
Quand Jésus-Christ
reviendra, je serai prêt.
Oh ! Quel glorieux réveil

2. Les morts en Christ se lèveront,
   Avec eux nous les vivants serons
   [changés
   Tous ensemble sur la nue en un

clin d'oeil nous monterons
Pour être avec lui toujours.
Seras-tu Prêt ?
Chœur

3. Travaillons pour notre Maître
Tandis qu' il fait encore jour,
Moissonnons des âmes pour
[l'éternité !
S'il nous trouve à notre poste
Pleins de zèle et pleins d'amour
Quand il viendra nous chercher,
Nous serons prêts !
Chœur

122. DIVIN ROCHER, REFUGE SÛR

1. DIVIN ROCHER, Refuge sûr :
L'abri pour nous dans la tempête !
Notre défense en combat dur :
L'abri pour nous dans la tempête !

Chœur :

Oui, Jésus est le Roc dans un pays
[*troublé*
Un pays troublé. (bis)
Oui, Jésus est le roc dans un pays
[*troublé :*
L'abri pour nous dans la tempête !

2. Une ombre au jour, un mur la
[nuit :
L'abri pour nous dans la tempête !

Nulle peur donc de l'ennemi :
L'abri pour nous dans la tempête !
Chœur

3. Si l'orage éclate alentour :
L'abri pour nous dans la tempête !
Nous restons forts par son
[secours :
L'abri pour nous dans la tempête !
Chœur

4. Divin Rocher, Refuge aimé :
L'abri pour nous dans la tempête !
Sois notre aide à tout jamais :
L'abri pour nous dans la tempête !
Chœur

123. ROI DE MA VIE

1. ROI de ma vie, reçois l'hommage,
Sois adoré, exalté !
De ma misère, mon esclavage,
Mourant tu m'as sauvé.

Chœur :

Que jamais je n'oublie, ô Dieu,
Ton grand amour si merveilleux !
Garde toujours devant mes yeux
Le Christ mourant en croix !

2. Agonisant sur le calvaire
Je vois souffrir pour moi
Buvant la coupe, si pleine, amère,
Toi, sauveur, à la croix.
Chœur

3. Déposé dans un froid tombeau,
   Ayant rendu ton âme,
   Ton corps brisé reçut le repos
   Après une mort infâme.
   Chœur

4. Sauveur, je te prie, aide-moi
   À suivre ton modèle,
   Portant à chaque instant ma croix,
   Restant toujours fidèle.
   Chœur

5. Et chauffe en moi un feu vivant,
   Allumé au calvaire,
   Pour annoncer aux cœurs errants
   Ton amour salutaire.
   Chœur

124. QUAND LA BIBLE ICI-BAS !

1. QUAND la bible ici-bas !
   Illumine nos pas,
   De sa gloire, Dieu vient nous
                    [remplir.
   Quand je veux ce qu'il veut,
   En son nom je le peux
   Simplement il faut croire, obéir.

Chœur :

   Croire, obéir
   Pour que Dieu puisse ouvrir
   Les écluses célestes,
   Il faut croire, obéir.

2. Veux-tu la liberté,
   Le bonheur, la santé ?
   Que ton seul but soit de le servir !
   Car l'esprit n'est donné
   Àvec la joie, la paix,
   Qu'à celui qui veut croire, obéir.
   Chœur

3. Les fardeaux, les labeurs,
   Le chagrin et les pleurs,
   À mon bien Dieu les fait
                    [concourir.
   Ils deviendront au ciel
   Des trésors éternels.
   Simplement il faut croire, obéir.
   Chœur

4. Nous pouvons dépasser
   Nos incapacités,
   Aux desseins éternels nous ouvrir
   De nouveaux horizons,
   Une vaste moisson...
   Simplement il faut croire, obéir.
   Chœur

5. À ses ordres soumis
   Sans aucun compromis :
   Alors le Tout-Puissant peut agir.
   Il nous ouvre les flots,
   Fait tomber Jéricho.
   Simplement il faut croire, obéir.
   Chœur

125. DEBOUT, SAINTE COHORTE

1. DEBOUT, sainte cohorte,
   Soldats du Roi des rois !
   Tenez d'une main forte
   L'étendard de la croix !
   Au sentier de la gloire
   Jésus-Christ vous conduit.
   De victoire en victoire
   Il mène qui le suit.

2. La trompette résonne :
   Debout ! Vaillants soldats !
   L'immortelle couronne
   Est le prix des combats.
   Si l'ennemi fait rage,
   Soyez fermes et forts !
   Redoublez de courage,
   S'il redouble d'efforts.

3. Debout pour la bataille,
   Partez, n'hésitez plus !
   Pour que nul ne défaille,
   Regardez à Jésus !
   De l'armure invincible,
   Soldats, revêtez - vous !
   Le triomphe est possible
   Pour qui lutte à genoux.

4. Debout, debout encore !
   Luttez jusqu' au matin.
   Déjà brille l'aurore
   À l'horizon lointain.
   Bientôt jetant nos armes
   Aux pieds du Roi des rois !
   Les chants après les larmes,
   Le trône après la croix !

126. FRÈRES, EN AVANT

1. FRÈRES, en avant
   Dans la sainte guerre !
   Suivons l'étendard de la croix !
   Luttons sans crainte !
   Notre chef demeure
   Avec nous dans chaque combat.

Chœur :
   Christ notre Roi,
   À toi nous rendons la gloire.
   Christ notre Roi,
   À toi appartient notre vie

2. Prenons les armes !
   L'Esprit nous fortifie,
   Nous fait triompher de Satan.
   Toujours en avant !
   Jamais en arrière !
   Voilà la devise des vaillants.
   Chœur

3. Christ nous dirige,
   Jamais ne nous délaisse
   Même dans le plus fort combat.
   Donc, nous le suivons,
   L'étendard ne se baisse.
   Bientôt il sera Roi des rois.
   Chœur

127. LA LUTTE SUPRÊME

1. LA LUTTE suprême
   Nous appelle tous
   Et Jésus lui-même
   Marche devant nous.
   Que sa vue enflamme
   Tous ses combattants
   Et soutienne l'âme
   Des plus hésitants

Chœur :
   Du Christ, la bannière
   Se déploie au vent.
   Pour la sainte guerre,
   Soldats en avant !

2. L'ennemi redoute
   Le nom seul du Roi.
   Il fuit en déroute
   Au cri de la foi.
   Acclamons ensemble
   Jésus d'un seul cœur
   Et que l'enfer tremble
   À ce nom vainqueur.
   Chœur

3. Nous suivons la trace
   Des saints d'autrefois :
   Par la même grâce,
   Sous les mêmes lois,
   Vivant de miracles
   L'Église de Dieu,
   De tous les obstacles,

Triomphe en tout lieu.
Chœur

4. Que les ans s'écoulent,
   Que de toutes parts,
   À grand bruit s'écroulent
   Trônes et remparts :
   Notre citadelle,
   Ferme contre tout,
   L'Église fidèle
   Restera debout.
   Chœur

5. En avant jeunesse!
   Que ta noble ardeur
   Jamais ne connaisse
   Ni honte ni peur!
   Ton chef invincible
   Marche devant toi
   Et tout est possible
   Aux hommes de foi
   Chœur

6. Reçois, Chef suprême,
   Monarque éternel,
   D'un peuple qui T'aime
   Le voeu solennel.
   Gloire, amour, hommage
   Au Ressuscité !
   Qu' il soit, d'âge en âge
   Partout exalté !
   Chœur

128. CHRIST EST RESSUSCITÉ

1. CHRIST est ressuscité
   Qu' en des chants joyeux,
   Son triomphe en tous lieux
   Soit exalté !

Chœur :
   À toi la gloire et l'honneur,
   O Sauveur, ô puissant Rédempteur!
   Du sépulcre tu sortis vainqueur
   Prince de vie et Prince de paix.
   Gloire à toi, gloire à toi,
   Gloire à toi, gloire à jamais!

2. Christ est ressuscité,
   Cherche en lui toujours,
   O peuple racheté,
   Force et secours.
   Chœur

3. Christ est ressuscité,
   Par lui nous vivons
   Et dans l'éternité
   Nous régnerons.
   Chœur

129. CHANTONS DU SEIGNEUR LA BONTÉ

1. CHANTONS du Seigneur la
                     [bonté
   Pour tout son peuple racheté
   Sauveur divin, Sauveur parfait,
   Jésus fait bien tout ce qu' il fait.

Chœur :
   Toute ma vie je chanterai,
   Je chanterai, je chanterai.
   Toute ma vie je chanterai :
   Jésus fait bien tout ce qu' il fait.

2. Tout l'univers dit son pouvoir,
   Mais son amour qui sait le voir
   C'est à la croix qu' il apparaît,
   Jésus fait bien tout ce qu' il fait.
   Chœur

3. Pour me sauver, pécheur perdu,
   Dans l'abîme, il est descendu,
   Quand déjà Satan m'entraînait.
   Jésus fait bien tout ce qu' il fait.
   Chœur

4. C'est en vain que le tentateur
   Veut me ravir à mon Sauveur :
   De Ses bras qui m'arracherait ?
   Jésus fait bien tout ce qu'il fait.
   Chœur

130. SEIGNEUR, ATTIRE MON CŒUR

1. SEIGNEUR, attire
   Mon cœur à toi,
   Je te désire
   Tout près de moi,
   Ma délivrance
   Dans le danger,
   { C'est ta présence

Divin Berger } (bis)

2. Par ta puissance,
   Brise, soumets
   Ma résistance
   À tout jamais,
   Courbe mon être,
   Ma volonté
   { Sois-en le Maître
   Incontesté } (bis)

3. Quand je contemple,
   Près de ta croix,
   ton grand exemple,
   Jésus, mon Roi,
   Ah ! Je n'aspire
   Qu'à m'immoler,
   { tant je désire
   te ressembler ! } (bis)

4. Prompt, je m'élance,
   Pour t'obéir,
   Prompt, je m'avance
   Pour te servir ;
   Mais sous ton aile,
   Loin du péché,
   { Sauveur fidèle,
   Tiens-moi caché. } (bis)

131. LA VOIX DU SEIGNEUR M'APPELLE

1. LA VOIX du Seigneur m'appelle :
   Prends ta croix et viens, suis-moi !

Je réponds : Sauveur fidèle,
Me voici, je suis à toi

Chœur :

Jusqu' au bout je veux te suivre,
Dans les bons, les mauvais jours,
À toi pour mourir et vivre,
À toi Jésus, pour toujours

2. Mais le chemin du Calvaire
   Est étroit et périlleux,
   C'est un chemin solitaire,
   Difficile et ténébreux.
   Chœur

3. Il faut quitter ceux qu'on aime,
   Savoir être mal jugé,
   Endurer l'injure même,
   Du monde être méprisé.
   Chœur

4. Oui, perdre sa propre vie,
   Consentir à n'être rien,
   N'avoir qu'une seule envie :
   Aimer Jésus, le seul bien !
   Chœur

5. Jésus donne grâce et gloire
   Pour le suivre pas à pas.
   Avec lui, joie et victoire,
   Paix et bonheur ici-bas !
   Chœur

132. QUAND LE VOL DE LA TEMPÊTE

1. QUAND le vol de la tempête
   Vient assombrir ton ciel bleu,
   Au lieu de baisser la tête,
   Compte les bienfaits de Dieu.

Chœur :
   Compte les bienfaits de Dieu,
   Mets-les tous devant tes yeux,
   Tu verras, en adorant,
   Combien le nombre en est grand.

2. Quand, sur la route glissante,
   Tu chancelles sous ta croix,
   Pense à cette main puissante
   Qui t'a béni tant de fois.
   Chœur

3. Si tu perds dans le voyage
   Plus d'un cher et doux trésor,
   Pense au divin héritage
   Qui là-haut te reste encore.
   Chœur

4. Bénis donc, bénis sans cesse
   Ce père qui, chaque jour,
   Répand sur toi la richesse
   De son merveilleux amour.
   Chœur

133. ESPÈRE EN DIEU

1. ESPÈRE en Dieu quand la nuit
   [sombre

Voile le ciel et l'horizon
Jamais là-haut ne règne l'ombre
Là-haut t'attend une maison
Espère en Dieu quand la tempête
Contre la nef jette ses flots
Un mot vainqueur déjà s'apprête
À commander paix et repos.

2. Espère en Dieu quand la
   [souffrance
   Brisant ton corps, trouble ton
   [cœur
   Chez lui jamais l'indifférence
   Ne le distrait de ton malheur
   Espère en Dieu quand sonne
   [l'heure
   D'abandonner les biens d'en bas.
   Crois aux trésors de sa demeure
   Car son amour t'ouvre ses bras.

3. Espère en Dieu quand on t'oublie
   Ou qu'on te raille avec dédain
   Pour te sauver, jamais ne plie !
   Va plutôt seul sur ton chemin
   Espère en Dieu quand ton pied
   [glisse
   Sous les efforts du tentateur
   Saisis la main libératrice
   Qui te rendra toujours vainqueur.

134. QU'ON BATTE DES MAINS!

1. QU' ON batte des mains !
   Que tous les humains,

En cet heureux jour,
Viennent tour à tour
D'un chant solennel
Louer l'Éternel.
Peuple, il vous faut
Craindre le Très - Haut,
Le grand Roi qui peut
Faire quand il veut
Trembler à sa voix
Les plus puissants rois.

2. Par Son grand pouvoir,
Il nous fera voir
Les peuples soumis ;
Et nos ennemis
Par lui châtiés
Seront sous nos pieds
Ce Maître si doux
A choisi pour nous
La meilleure part,
Et sous son regard,
Israël en paix
Triomphe à j'amais.

3. Peuples, Le voici
Qui se montre ici.
Que pour L'honorer,
Que pour L'adorer,
On aille au-devant
Du grand Dieu vivant !
Chantez donc, chantez
Ses grandes bontés ;
D'un cœur plein de foi

Chantez notre Roi,
Le vrai, le seul Dieu,
Qui règne en tout lieu.

135. PRÈS DU TRÔNE DE LA GRÂCE

1. PRÈS du trône de la grâce et de la
[paix,
J'ai reçu la promesse d'un Dieu
[parfait.
En Jésus j'ai la victoire
Par sa mort expiatoire,
Près du trône de la grâce et de la
[paix.

Chœur :

Viens, oh ! Viens,
Viens avec moi,
Viens, oh ! Viens, viens à la croix !
À la croix, viens et vois !
Viens, mon frère,
Viens ma soeur,
Viens à la croix !

2. Fuis le monde, vanité des vanités :
Point de paix pour l'âme en ses
[frivolités.
Par lui Satan nous opprime,
Nous conduisant à l'abîme.
Fuis le monde, vanité des vanités !
Chœur

3. Je veux être un vaillant soldat du
[Seigneur,
Lutter, combattre toujours avec
[ferveur.
Et, rempli de confiance,
J'accepterai la souffrance.
Je veux être un vaillant soldat du
[Seigneur.
Chœur

4. Quand devant moi s'ouvriront
Les portes d'or
Et qu' enfin j'atteindrai le céleste
[port,
Un bonheur pur et sans ombre,
Remplacera la nuit sombre,
Quand devant moi s'ouvriront les
[portes d'or.
Chœur

136. SEIGNEUR, TA MORT À GOLGOTHA

1. SEIGNEUR, ta mort à Golgotha
Me fait t'aimer sans cesse
Et ne permets pas, mon grand
[Roi,
Que j'amais je te laisse.

Chœur :

Je t'aimerai sans cesse,
Mon Sauveur, mon Sauveur
Je t'aimerai sans cesse

Pour tous tes grands bienfaits.

2. Du chatiment de mes péchés
Qui était mon mérite
Ton sacrifice m'a sauvé
Dans ta plus forte chute
Chœur

3. Ton sang versé me purifie
De toutes mes souillures.
ton corps brisé pour moi acquit
Pardon par ses blessures.
Chœur

4. Y a-t-il comme toi un autre ami
Qui sans réserve m'aime,
Qui m'aide dans toute ma vie
Donnant ses biens suprêmes ?
Chœur

5. Beaucoup peuvent t'abandonner,
Je t'aimerai sans cesse.
Pour ton amour et ta bonté
À jamais je t'embrasse.
Chœur

137. RÉVEILLE-NOUS SEIGNEUR

1. RÉVEILLE-NOUS, Seigneur !
Fais montrer ta présence !
À ta parole ouvre nos cœurs
Et parle avec puissance !

Chœur :

Réveille-nous Seigneur !
Pendant que nous prions

Descends, Seigneur,
descends vers nous !
Viens glorifier ton nom !

2. Réveille-nous Seigneur !
   Pour exalter ton nom
   Mets ton amour dans chaque
   [cœur
   Fais de nous des flambeaux.
   Chœur

3. Réveille-nous, Seigneur,
   Et bénis ta Parole,
   Que, par sa force et vérité,
   Elle nos vies contrôle.
   Chœur

4. Réveille-nous, Seigneur !
   Envoie ton Saint-Esprit
   Qu' il nous remplisse de ferveur
   De chercher les perdus.
   Chœur

138. SEIGNEUR, CE QUE MON CŒUR RÉCLAME

1. SEIGNEUR, ce que mon cœur
   [réclame
   C'est le feu (ter)
   Que sur moi descende la flamme
   De ton feu (ter)
   Que ce soit une chambre haute,
   Qu'une nouvelle Pentecôte
   Fasse de nous de vrais apôtres

Pleins de feu (ter)

2. Le seul secret de la victoire,
   C'est le feu (ter)
   Nous voulons refléter ta gloire
   Par le feu (ter)
   Ô Dieu Tout-Puissant, qui nous
   [aime
   Viens nous affranchir de nous-
   [mêmes
   Remplis-nous d'un amour
   [suprême
   Par le feu (ter)

3. Nous voulons porter l'espérance
   Par le feu (ter)
   Et proclamer la délivrance
   Par le feu (ter)
   Ton règne vienne sur la terre
   Ta volonté soit faite ô Père
   Exauce enfin notre prière
   Par le Feu (ter)

139. JÉSUS M'A DIT

Chœur :
JÉSUS m'a dit
Mets ta main dans ma main et
[viens
Toute ta vie tu seras mon témoin ;
Et quand j'ai mis
Ma main dans sa forte main,
J'ai reçu de lui

La puissance de l'esprit Saint.

1. Je connais l'eau vive qui nous
   [désaltère
   Je l'ai découverte à Golgotha ;
   Il y a d'innombrables fleuves sur
   [la terre
   Mais Jésus seul est la source de
   ......[joie
   Chœur

2. Tout autour de moi je vois tant
   [de souffrances
   Tant de cœurs qui sont si
   [malheureux
   Que l'esprit me pousse à rompre
   [mon silence
   Pour crier partout la paix de Dieu.
   Chœur

3. Et si Dieu m'entraîne jusqu'au
   [bout du monde
   Pour que son amour soit
   [proclamé,
   Je ne compte pas sur mes forces
   [profondes
   Mais sur son Esprit qu'il m'a
   [donné.
   Chœur

140. EN CHRIST SEUL EST MON ESPÉRANCE

1. EN Christ seul est mon espérance;
   Sa justice est mon assurance.
   Il est devant Dieu mon appui.
   Je n'en veux point d'autre que lui.

Chœur :

Jésus est ma retraite sûre
{ Le rocher en qui je m'assure. } (ter)

2. Tout autre asile est périssable ;
   Tout autre appui n'est que du
   [sable
   Qui n'a posé ce fondement
   Travaille et souffre vainement.
   Chœur

3. Lorsque sur moi s'abat l'orage,
   Sa croix ranime mon courage.
   Quand tout faiblit autour de moi,
   Sa présence soutient ma foi
   Chœur

4. Quand la trompette retentira
   Que je sois prêt pour son appel,
   Revêtu de sa sainteté,
   Pur à ses yeux devant le trône.
   Chœur

141. VIENS, MON ÂME TE RÉCLAME

1. VIENS, mon âme te réclame,
   Car c'est toi qui m'as cherché.
   Pour te suivre je te livre
   Mon cœur avec son péché.

Chœur :

Viens ! Mon âme te réclame ;
Mon bonheur est tout en toi.
Je t'adore, Je t'implore ;
O Jésus ! Demeure en moi !

2. Oui, ta grâce seule efface
   Toutes mes iniquités ;
   Tu pardonnes, tu me donnes
   La paix de tes rachetés.
   Chœur

3. Quand je doute, quand ma route
   Passe auprès du tentateur,
   Ta main sûre, me rassure
   Et me rend plus que vainqueur.
   Chœur

4. Ah ! demeure, à chaque heure
   Mon rempart, mon défenseur,
   Ma victoire, et ma gloire,
   Mon Jésus, mon seul Sauveur !
   Chœur

   A. HUMBERT.

142. Ô SEIGNEUR TU ES LE ROI!

1. Ô SEIGNEUR tu es le Roi !
   Tu règnes à toujours.
   Ô Seigneur, tu es pour moi
   Le secours
   Tu me dis : « Va, ne crains rien »
   Tu es mon gardien.
   Ô Seigneur par toi
   Je suis vainqueur!

2. Que je sois dans l'allégresse,
   Ou dans le malheur,
   Que mon cœur chante sans cesse
   [sa douleur.
   Tu es là, oui à toute heure,
   Tu sèches mes pleurs.
   Tu guéris et redonnes la vie !

3. Ô Jésus, tu es venu dans
   [l'humanité.
   Ô Jésus tu es venu nous sauver,
   Par ton sang tu as lavé nos
   [iniquités.
   Ô Seigneur, nous voulons
   [t'acclamer !

143. SEIGNEUR, TU DONNES TA GRÂCE

1. SEIGNEUR, tu donnes ta grâce
   Au cœur qui regarde à toi.
   Ah ! Que sa douce efficace
   Se répande aussi sur moi !
   Oui sur moi (bis)
   Se répande aussi sur moi !

2. Père tendre et secourable,
   Je fus rebelle à ta loi ;
   Quoiqu' impur et misérable
   Oh ! Pardonne et bénis - moi !
   Bénis-moi (bis)
   Oh ! Pardonne et bénis - moi !

3. Rédempteur toujours propice,
   Je veux m'attacher à Toi

J'ai faim, j'ai soif de justice,
Je t'appelle, réponds-moi !
Réponds-moi (bis)
Je t'appelle, réponds-moi !

4. Saint-Esprit, souffle de vie
Viens en mon cœur par la foi !
Dans le sang qui purifie,
De tout péché lave-moi !
Lave-moi ! (bis)
De tout péché lave-moi !

5. Par ton amour, ô bon Père,
Par le sang versé pour moi,
Par l'esprit qui seul opère,
Dieu trois fois saint, sauve-moi !
Sauve-moi ! (bis)
Dieu trois fois saint, sauve-moi !

144. C'EST TOI JÉSUS

1. C'EST TOI JÉSUS, que recherche
[mon âme
À te trouver se bornent mes
[souhaits
C'est ton regard que sur moi
[je réclame;
Rends-moi Seigneur, rends-moi
[ta douce paix

2. Longtemps j'errai dans les sentiers
[du monde
Ne connaissant ni ton nom ni ta
[loi;

Tu me cherchas dans cette nuit
[profonde
Et pour toujours, m'en tiras par la
[foi.

3. De ton amour la voix se fit
[entendre;
J'appris alors que tu m'as racheté,
Et ton Esprit à mon cœur fit
[comprendre
Ce qu' est pour nous, ô Dieu !
[ta charité

4. Prends donc pitié de ma grande
[misère :
Soumets mon cœur, brise sa
[dureté;
À Golgotha, mon âme te fut chère
Je compte, ô Dieu! Sur ta fidélité.

C. MALAN

145. IL ME CONDUIT

1. IL ME CONDUIT, douce pensée !
Repos pour mon âme lassée !
En tout lieu, son regard me suit,
Et par la main il me conduit.

Chœur :

Il me conduit, il me conduit !
Désormais pour lui je veux vivre;
Brebis fidèle, je veux suivre
Le bon berger qui me conduit.

2. Jésus sur moi veille sans cesse :
   Dans la joie et dans la tristesse,
   Dans le jour comme dans la nuit,
   Pas à pas sa main me conduit.
   Chœur

3. Comme un rempart il me protège,
   Il me préserve de tout piège ;
   Loin de moi l'ennemi s'enfuit,
   Quand par la main Christ me
   [conduit.
   Chœur

4. A t-on jamais à lui crié
   Sans recevoir un promt secours ?
   Non, tous nous pouvons attester
   Que vrai, fidèle est son amour
   Chœur

5. Quand la trompette aura sonné,
   Mon œuvre ici-bas terminée,
   Je dirai au travers des nuées :
   Alléluia ! il m'a conduit !
   Chœur

146. J'ENTRERAI DANS SES PARVIS

1. J'ENTRERAI dans ses parvis
   Avec joie dans mon cœur,
   J'entrerai dans ses parvis
   Avec louange Je dirai ; voici le jour
   Le grand jour du Seigneur,
   Je chanterai, car il m'a délivré,
   { il m'a délivré, il m'a délivré

Je chanterai car il m'a délivré} (bis)

2. Je chanterai car il est mon
   [Sauveur.

3. Je chanterai car il est mon
   [Seigneur

4. Je chanterai car il est Roi des rois.

147. QUE FERAI-JE POUR TOI

Chœur :
   QUE ferai-je pour Toi
   Tu as tout fait pour moi,
   Que ferai-je pour toi
   Tu as tout fait pour moi.

1. Tu es venu dans ce monde perdu.
   Me délivrer du joug des ténèbres.
   Chœur

2. Je suis faible, mais je compte sur
   [toi.
   Pour accomplir la tâche que tu
   [veux.
   Chœur

3. J'irai partout appeler les pécheurs
   J'annoncerai ta parole surtout.
   Chœur

4. Venez amis, chantons pour louer
   [Dieu,
   Qui dans sa grâce fait de nous ses
   [enfants.
   Chœur

5. Oui, je te loue, de tout ce que tu
[fais,
Merci beaucoup de m'avoir tant
[aimé.
Chœur

148. JE SUIS DANS LA JOIE

Chœur :

{ JE SUIS dans la joie
Quand on me dit
Allons dans la maison
De l'Éternel } (bis)

1. { Un jour dans ses parvis
Vaut mieux que mille ailleurs}(bis)
Chœur

2. { Entrons dans ses parvis
Avec des actions de grâces } (bis)
Chœur

3. { Si Dieu est avec nous
Qui sera contre nous ? } (bis)
Chœur

4. { Jésus est Roi des rois
Et Seigneur des seigneurs } (bis)
Chœur

149. QUEL SORT MERVEILLEUX D'ÊTRE SAUVÉ

1. QUEL sort merveilleux d'être
[sauvé,

Sauvé par le sang de l'agneau,
Sauvé par sa grâce infinie,
À jamais un enfant de Dieu !

Chœur :

Sauvé, sauvé.
Sauvé par le sang de l'agneau!
Sauvé, sauvé,
À jamais un enfant de Dieu !

2. Sauvé, quelle joie ineffable !
Des mots ne peuvent l'exprimer.
Je sais que sa douce présence
M'accompagnera à jamais.
Chœur

3. Je pense à mon sauveur sublime
Le louant d'un cœur enchanté.
Je chante, je ne peux pas me taire.
Son amour m'a rendu heureux.
Chœur

4. Au ciel réservé par le maître,
M'attend la couronne de vie
Et joint aux rangs des fidèles
Je demeurerai près de lui.
Chœur

5. Je sais, je verrai dans sa gloire
Le roi qui règne sur moi
Et qui par sa pleine victoire
Me rend fort de garder ses lois.
Chœur

150. ENTENDS-TU LE CHANT JOYEUX ?

1. ENTENDS-tu le chant joyeux?
   Jésus sauve aujourd'hui !
   Il retentit en tous lieux :
   Jésus sauve aujourd'hui !
   C'est un cri de délivrance,
   Un cantique d'espérance,
   Qui remplit l'espace immense :
   Jésus sauve aujourd'hui !

2. Partout élève la voix :
   Jésus sauve aujourd'hui !
   Vaillant héros de la croix,
   Jésus sauve aujourd'hui !
   À parler, Jésus t'appelle,
   Répands au loin la nouvelle.
   En connais-tu de plus belle ?
   Jésus sauve aujourd'hui !

3. Répète au pécheur contrit ;
   Jésus sauve aujourd'hui !
   Ceux que le mal asservit
   Jésus sauve aujourd'hui !
   Va jusqu'à l'île lointaine,
   Briser du captif la chaîne,
   Redire au cœur dans la peine
   Jésus sauve aujourd'hui !

4. Jusqu'aux confins des déserts,
   Jésus sauve aujourd'hui !
   Jusque par delà les mers,
   Jésus sauve aujourd'hui !
   Que d'un pôle à l'autre pôle
   Coure la sainte parole
   Qui relève, instruit, console
   Jésus sauve aujourd'hui !

151. IL EST VIVANT, IL EST VIVANT

Chœur :

   { IL EST vivant, il est vivant
   Même s'il y a deux mille ans
   Qu'il est mort pour nous. } (bis)

1. Avec l'ange, au sépulcre
   Devant Marie étonnée ;
   Les pélerins d'Emmaüs
   À toujours consolés
   Avec tous les apôtres
   Par l'Esprit transformés
   Il nous faut crier,
   Crier, la vérité...

2. Avec les premiers martyrs
   Par les lions déchirés ;
   Avec tous les chrétiens
   Des siècles passés
   Et puis tous les témoins.
   Par le monde dispersés
   Il nous faut crier,
   Crier la vérité...

152. SOURCE DE GRÂCE, SOURCE EFFICACE

1. SOURCE de grâce, source
   [efficace,

Qui du mont Golgotha jaillit !
La mort subie par Christ, la vie,
Nous dit : « Tout est accompli ! »

Chœur :

Oui, je veux croire, Oui, je puis
*   [croire*
Que Jésus-Christ est mort pour moi!
Sa mort sanglante et triomphante
Me rend libre par la foi.

2. Source de vie : Nos maladies,
   Jésus nous en a délivrés !
   Je sens renaître dans tout mon
   *   [être*
   La vigueur et la santé.
   Chœur

3. Jésus envoie l'esprit de joie
   Dans les cœurs lavés par le sang :
   L'Esprit de gloire et de victoire
   Sur les rachetés descend !
   Chœur

4. Pour récompense de ses
   *   [souffrances,*
   Devant son trône Jésus voit
   La sainte Eglise qu'il s'est acquise
   Au prix du sang de la croix.
   Chœur

153. DIEU TU ES BON

1. { DIEU tu es bon,
   Dieu tu es doux,

Dieu tu es merveilleux,
Mon Dieu Tu es excellent. } (bis)

2. Excellent est ton nom,
   Excellente est ta force,
   Dieu tu es merveilleux,
   Mon Dieu tu es excellent.

154. JE CHANTERAI TON AMOUR

Chœur :

JE CHANTERAI ton amour
En union avec les anges
Je chanterai ton amour à jamais.

1. Je te loue et je t'adore
   De concert avec les anges
   Je chanterai ton saint nom à
   *   [jamais*
   Chœur

2. Tu m'as sorti des ténèbres
   Tu m'as sorti de l'enfer
   Me voici à la lumière de la vie.
   Chœur

3. Je suis délivré maintenant
   Du fardeau de mes péchés
   Je marche avec l'Éternel
   chaque jour.
   Chœur

4. Tu m'as donné de l'espoir
   Et je vis dans la victoire

Que tu as conquise pour moi
[à la croix.
Chœur

5. Merci Dieu pour ton Esprit
Merci Dieu pour Jésus-Christ
Merci Dieu pour la vie que tu m'as
[donnée.
Chœur

155. LE ZÈLE DE TA MAISON

Chœur :

{ *LE zèle de ta maison,*
Me dévore comme un feu } *(4er)*

1. Même si mes frères me disent tous
[«non»
Même si mon père me chasse de
[sa maison,
Je ne dirai jamais non à ton
[amour,
Oui ! à grand jamais, je ne te
[dirai non
Chœur

2. Même si je perds tout ce qui
[m'appartient,
Même si je n'ai plus un seul bien,
Je ne dirai jamais non à ta croix,
Non ! à grand jamais, je ne te
[dirai non
Chœur

3. Même si je perds tous mes amis,
Même si je n'ai plus un seul abri,
Je ne pourrai jamais m'en aller
[loin de Toi,
Oui ! à grand jamais, je ne te
[quitterai.
Chœur

4. Même si je dois partir très loin de
[Cette ville,
Mêm'si je dois quitter tous ceux
[qui sont mes frères,
Je ne dirai jamais non à ma foi,
Oui, à grand jamais, je ne
[T'oublierai.
Chœur

156. SI SEULEMENT TU CROIS ET JE CROIS

1. SI seulement tu crois et je crois
Si nous prions ensemble,
Alors le Saint-Esprit viendra
Paris sera sauvé.
Paris sera sauvé (bis)
Oui le Saint-Esprit descendra,
Paris sera sauvé.

2. L'Europe sera sauvé.

3. L'Afrique sera sauvée.

4. Le monde sera sauvé. Etc ...

157. OUI J'AI VU ! VU !

Chœur :

OUI J'ai vu ! vu !
La victoire de Jésus.
Gloire soit à Dieu !
Gloire soit à Jésus !
Oui j'ai vu ! vu !
La victoire de Jésus.
Gloire soit à Dieu ! Amen.

1. Quand je regarde devant,
   Je vois Jésus victorieux ;
   En regardant derrière
   Je vois Jésus victorieux ;
   Regardant à ma droite,
   Je vois Jésus victorieux ;
   Quand je me tourne à gauche,
   Je vois Jésus victorieux.

Chœur :

Oui j'ai vu ! vu !
La défaite de Satan.
Gloire soit à Dieu !
Gloire soit à Jésus !
Oui j'ai vu ! vu !
La défaite de Satan
Gloire soit à Dieu ! Amen.

2. Quand je regarde devant,
   Je vois Satan à terre ;
   En regardant derrière,
   Je vois Satan à terre ;
   Regardant à ma droite,
   Je vois Satan à terre ;
   Quand je me tourne à gauche,
   Je vois Satan à terre.
   Chœur

158. J'AIME LE SEIGNEUR

1. J'AIME le Seigneur (ter)
   De tout mon cœur.

2. Il a souffert (ter)
   À Golgotha.

3. Son sang coula (ter)
   Pour mes péchés.

4. Il m'a sauvé (ter)
   Du lac de feu.

159. BÉNIS DIEU, Ô MON ÂME

Chœur :

BÉNIS Dieu, ô mon âme
Et tout ce qui est en moi ;
Bénis Dieu, ô mon âme ;
N'oublie aucun de ses bienfaits.

1. Il m'a donné plus que la vie,
   Il a béni tous mes pas,
   Il m'a gardé dans son amour,
   N'oublie aucun de ses bienfaits.
   Chœur

160. SEIGNEUR, TU ES SÛREMENT BON

Chœur :

SEIGNEUR, *tu es sûrement bon*
[pour moi, (bis)
Seigneur, tu es sûrement, tellement
[bon pour moi,
Tu as fait ce que nul ne peut faire.

1. { Tu m'as donné ton fils,
   Tu es surement bon pour moi} (bis)
   Tu m'as donné ton fils
   Tu es sûrement, tellement bon
   [pour moi,
   Tu as fait ce que nul ne peut faire.
   Chœur

2. { Tu m'as donné ton Esprit,
   Tu es surement bon pour moi} (bis)
   Tu m'as donné ton Esprit
   Tu es sûrement, tellement bon
   [pour moi,
   Tu as fait ce que nul ne peut faire.
   Chœur

161. JÉHOVAH JIRÉ

Chœur :

JÉHOVAH JIRÉ, l'Éternel pourvoit:
Tu nous as comblé de tes bienfaits,
Et nous vivons en toi sans regret.
Nous voulons crier
que c'est toi le Roi.

Toi seul es digne d'être adoré,
Dès maintenant, et pour l'éternité.

1. Seigneur Jésus, que tu es
   [merveilleux
   Ta bonne main se déploie en tous
   [lieux
   Non seulement pour protéger les
   [tiens
   Mais aussi pour répondre à leurs
   [besoins.
   Voilà ce que tu fais de tes enfants,
   Ceux-là qui t'estiment plus que
   [l'argent.
   Chœur

2. Ta majesté, ô Seigneur est
   [immense,
   Ta création étale ta puissance.
   Et a-t-on jamais entendu parler
   D'un Dieu qui soit riche comme
   [Yahvé ?
   Car tu possèdes la terre et les
   [cieux.
   Qui s'égalera à toi, ô mon Dieu ?
   Chœur

3. S'il advenait des temps difficiles,
   C'est en toi que nous trouverons
   [asile.
   Car toutes les générations passées
   Proclament tout haut ta fidélité.
   Seigneur nous saurons nous saisir
   [de toi

Mettrons toute notre espérance en
[toi, ô mon Dieu !

Chœur

J.F. EDOGUE (P & M)

162. QUI EST COMME TOI

Chœur :

{ QUI est comme toi,
Ô Seigneur
Qui est comme toi,
Ô Seigneur! } (bis) ·

1. Parmi les dieux,
   Qui est comme toi :
   Magnifique en sainteté,
   Digne de louange,
   Opérant des prodiges ?
   Chœur

163. NUL N'EST SAINT COMME L'ÉTERNEL

1. NUL n'est saint comme l'Éternel,
   Il n'y a point d'autre Dieu que toi,
   Il n'y a point de rocher
   Comme notre Dieu,
   Nul n'est saint comme l'Éternel.

2. Nul n'est juste.
3. Nul n'est grand.
   Etc ...

164. VIENS, OUI VIENS !

Chœur :

VIENS, oui viens !
Viens dans sa maison,
Viens manger à sa table
Viens, oui viens !

1. { il veut t'ouvrir toute grande
   la porte de sa maison } (bis)
   Chœur

2. { il veut t'offrir la plus belle
   place dans sa maison } (bis)
   Chœur

3. { il veut que tu restes toujours
   à la table dans sa maison } (bis)
   Chœur

   Etc ...

165. IL EST ROI, IL EST ROI

1. IL est Roi, il est Roi,
   il est ressuscité, il est Roi.
   Tout genou fléchira,
   Toute langue confessera
   Que Jésus-Christ est Roi.

166. JE SAIS QUE JÉSUS RÈGNE

Chœur :

JE sais que Jésus règne,
Je sais que Jésus règne,
Je sais que Jésus règne,

Il règne pour toujours.

1. Il règne dans mon cœur,
   Il règne au Cameroun,
   Il règne en Afrique,
   Je sais que Jésus règne.
   Chœur

2. Il règne dans ton cœur,
   Il règne au Canada,
   Il règne en Amérique,
   Je sais que Jésus règne.
   Chœur

3. Il règne sur les rois,
   Il règne sur les royaumes,
   Il règne sur les nations,
   Je sais que Jésus règne.
   Chœur

167. CRIEZ, CRIEZ, CRIEZ SUR LES MONTAGES

Chœur :
   CRIEZ, criez, criez sur les montages
   Criez, criez que Jésus-Christ est Roi.

1. { Criez sur les monts des Oliviers !
   Oliviers ! } (bis)
   Chœur

2. { Criez dans les rues de Yaoundé !
   Yaoundé ! } (bis)
   Chœur

3. { Criez dans les rues de
      [Washington !
   Washington! } (bis)
   Chœur

4. { Criez dans les rues de
      [New-Delhi !
   New-Delhi ! } (bis)
   Chœur

5. { Criez dans les rues de Paris !
   Paris ! } (bis)
   Chœur

168. CHANTONS, CHANTONS SANS CESSE

1. CHANTONS, chantons sans cesse
   La bonté du Seigneur !
   Qu'une sainte allégresse
   Remplisse notre cœur.
   Un salut éternel
   Est descendu du ciel,
   Nous avons un Sauveur ! (bis)

2. Ô bonheur ineffable !
   Dieu n'est plus irrité !
   Il pardonne au coupable,
   Contre lui révolté.
   Pour porter nos forfaits,
   Pour sceller notre paix,
   Jésus s'est présenté. (bis)

3. Vers le trône de grâce,
   Si nous levons les yeux,

Nous rencontrons la face,
D'un Sauveur glorieux.
il est notre avocat ;
Pour les siens il combat,
Toujours victorieux. (bis)

4. Pour diriger la voie,
   De tous ses rachetés,
   Dans leur cœur il envoie,
   Ses célestes clartés !
   Son Esprit nous conduit,
   Sa grâce nous instruit,
   Des saintes vérités. (bis)

5. Bientôt, vêtu de gloire,
   Du ciel il reviendra !
   Consommant sa victoire,
   Il nous affranchira.
   Et son heureux enfant,
   Avec lui triomphant,
   Tel qu'il est le verra. (bis)

169. PAR TOUS LES SAINTS GLORIFIÉ

1. PAR tous les saints glorifié,
   Jésus inspire leurs louanges,
   Plus belles que le chant des anges:
   Gloire à l'agneau (ter) sacrifié !

2. C'est par lui qu'est justifié
   Tout pécheur qui demande grâce.
   Prêtres et rois devant Sa face,
   Chantons l'agneau (ter) sacrifié!

3. Par le Père magnifié,
   Tout l'univers lui rend hommage.
   L'Agneau régnera d'âge en âge,
   Gloire à l'agneau (ter) sacrifié !

4. Par son Esprit vivifié,
   Je veux jusqu'à ma dernière heure,
   Chanter l'amour qui seul
   [demeure,
   Gloire à l'agneau (ter) sacrifié !

5. Pour nous il fut crucifié ;
   Son sang a racheté notre âme ;
   C'est pourquoi notre amour
   [l'acclame :
   Gloire à l'agneau (ter) sacrifié !

170. SANS ATTENDRE, JE VEUX TENDRE

1. SANS attendre, je veux tendre,
   Au bonheur promis ;
   Qui s'élance, qui s'avance,
   Obtiendra le prix.
   De mon Dieu je suis l'enfant,
   Et c'est lui qui me défend,
   Donc en route, point de doute,
   Le but est si grand !

2. Près du trône, la couronne
   Attend le vainqueur.
   Nulle trêve ! Qu'on se lève !
   A dit le Seigneur.
   D'obéir soyons heureux,

Point de tièdes, de peureux !
Qui se lasse perd sa place,
Au banquet des cieux.

3. D'un pas ferme jusqu'au terme,
   Il faut s'avancer ;
   Dieu m'observe, qu'il préserve,
   Mon pied de glisser.
   Que ce monde et ses attraits,
   Ne me séduisent jamais !
   Si sa haine se déchaîne,
   Que je sois en paix.

4. Dieu de grâce, que ta face,
   Luise en mon chemin !
   Père tendre, Viens me prendre,
   Par ta forte main,
   Toute puissance est à Toi
   Subviens à ma faible foi ;
   Ma victoire, c'est ta gloire,
   Ô mon Dieu, mon Roi !

171. À DIEU SOIT LA GLOIRE !

1. À DIEU soit la gloire !
   Pour son grand amour
   Dans mon âme noire s'est levé le
   [jour.
   Jésus à ma place, mourut sur la
   [croix.
   Il m'offre sa grâce et je la reçois.

Chœur :

   Gloire à Dieu, gloire à Dieu!

Terre, écoute sa voix !
Gloire à Dieu, gloire à Dieu !
Monde, réjouis-toi !
Oh ! Venez au Père !
Jésus est vainqueur.
Que toute la terre
Chante en son honneur.

2. De Jésus, la joie,
   Remplit notre cœur,
   Qu'importe qu'on voie
   Tout notre bonheur.
   Selon sa promesse,
   Jésus changera,
   Deuil en allégresse,
   Quand il reviendra.
   Chœur

172. DIS NON AUX TENTATIONS

1. DIS non aux tentations : céder
   [c'est pécher,
   Toute victoire, t'aidera à gagner
   [d'autres,
   Lutte sans te lasser, soumets tes
   [passions,
   Et regarde à Christ pour te porter
   [tout au long.

Chœur :

   Crie au Sauveur pour t'aider,
   Te consoler, te garder,
   Et, tel un bon compagnon,

Te porter tout au long.

2. Aux mauvais compagnons et mots:
   [le dédain,
   De Dieu le nom, tu craindras de
   [prendre en vain,
   Sois persévérant, zélé, véridique
   [et bon,
   Et regarde à Christ pour te porter
   [tout au long.
   Chœur

3. Tout vainqueur connaîtra le
   [couronnement,
   Par la foi tu vaincras tout
   [abattement,
   Le Sauveur, de sa force te fera
   [don,
   Regarde à Christ pour te porter
   [tout au long.
   Chœur

173. DIEU EST TRÈS SAINT !

Chœur :

DIEU est très Saint !
Oui trois fois saint.
Les chérubins et séraphins,
Au ciel là-haut, chantent sans fin ;
{ Dieu est très saint !
Oui trois fois saint, } (bis)
Tel est des anges le chœur.

1. Prier c'est se préoccuper

Tout d'abord de sa sainteté.
Christ aux disciples a enseigné
Que ton nom soit sanctifié.
Chœur

2. Prier c'est aussi célébrer,
   Du Dieu vivant, la sainteté.
   C'est exalter, c'est proclamer,
   C'est imposer sa sainteté.
   Chœur

3. La sainteté c'est bien la clé,
   Dans la prière, pour entrer,

   Tous les pécheurs doivent s'en
   [aller
   Ou bien entrer pour l'affronter.
   Chœur

4. Révèle-moi la sainteté
   Du Dieu que je veux approcher,
   Afin que je puisse me préparer,
   Pleurer, jeûner, ensuite prier.
   Chœur

5. La prière c'est l'intimité
   Avec le Dieu de sainteté.
   Sur la terre, je dois proclamer,
   Par la prière, sa sainteté.
   Chœur

6. Seigneur, daigne me révéler,
   Ce qu'à ton cœur fait le péché,
   Afin que je puisse l'abondonner,

Car désormais je veux prier.

Chœur

174. GARDE-MOI Ô SEIGNEUR, AUPRÈS DE TOI

1. { GARDE-MOI ô Seigneur, auprès
         [de toi. } (bis)
   J'ai mon cœur à conquérir,
   Tout mon être à gagner.
   { Garde-moi ô Seigneur, auprès de
         [toi. } (bis)

2. { Garde-moi ô Seigneur, auprès de
         [toi. } (bis)
   J'ai ma ville à conquérir,
   Toute ma nation à gagner.
   { Garde-moi ô Seigneur, auprès de
         [toi. } (bis)

3. { Garde-moi ô Seigneur, auprès de
         [toi. } (bis)
   J'ai un prix à remporter,
   Des victoires à gagner.
   { Garde-moi ô Seigneur, auprès de
         [toi. } (bis)

4. { Garde-moi ô Seigneur, auprès de
         [toi. } (bis)
   Je dois porter du fruit,
   Qui demeure en abondance.
   { Garde-moi ô Seigneur, auprès de
         [toi. } (bis)

5. { Garde-moi ô Seigneur, auprès de
         [toi. } (bis)

Toi qui es le bon Berger,
Fais de moi un vrai berger.
{ Garde-moi ô Seigneur, auprès de
      [toi. } (bis)

6. { Garde-moi ô Seigneur, auprès de
         [toi. } (bis)
   Je dois demeurer en Toi,
   Et Toi demeurer en moi.
   { Garde-moi ô Seigneur, auprès de
         [toi. } (bis)

7. { Garde-moi ô Seigneur, auprès de
         [toi. } (bis)
   J'ai des âmes à gagner,
   Des disciples à former,
   { Garde-moi ô Seigneur, auprès de
         [toi. } (bis)

8. { Garde-moi ô Seigneur, auprès de
         [toi. } (bis)
   Crée en moi la faim de toi
   Et la faim de ta parole.
   { Garde-moi ô Seigneur, auprès de
         [toi. } (bis)

9. { Garde-moi ô Seigneur, auprès de
         [toi. } (bis)
   Fais-moi haïr le péché,
   Le monde, les choses du monde
   { Garde-moi ô Seigneur, auprès de
         [toi. } (bis)

10. { Garde-moi ô Seigneur, auprès
          [de toi. } (bis)

Fais-moi haïr le péché,
Le moi, l'honneur de ce monde.
{ Garde-moi ô Seigneur, auprès de
[toi. } (bis)

11. { Garde-moi ô Seigneur, auprès
[de toi. } (bis)
J'ai besoin du Saint-Esprit
Pour accomplir notre but.
{ Garde-moi ô Seigneur, auprès de
[toi. } (bis)

12. { Garde-moi ô Seigneur, auprès
[de toi. } (bis)
J'ai une couronne à gagner
Pour la placer à tes pieds.
{ Garde-moi ô Seigneur, auprès de
[toi. } (bis)

175. LA PUISSANCE DE DIEU

Chœur :

LA PUISSANCE de Dieu
Dans sa totalité
Habite en moi
Ainsi je peux tout faire
J'ai bien ce qu'il me faut
Eh ! Eh ! Gloire à Dieu !

1. Aussi je peux prier
Prier intensément
Pour la libérer plus fort.
Chœur

2. Aussi je peux jeûner

Jeûner intensément
Pour la libérer plus fort.
Chœur

3. Je peux bien travailler
Travailler et travailler
Mais je ne romprai jamais
Chœur

4. Je peux bien résister
Devant le tentateur
Pleinement Dieu vit en moi
Chœur

5. J'ai l'amour dans mon cœur
Oui l'amour de Jésus
J'en ai assez pour aimer
Chœur

6. J'ai la joie dans mon cœur
Oui la joie de mon Sauveur
J'en ai assez pour donner
Chœur

7. J'ai la paix dans mon cœur
Oui la paix de mon Sauveur
J'en ai assez pour donner
Chœur

8. Aussi je loue mon Dieu
Toute ma vie je le chanterai
Car il m'a vraiment comblé !
Chœur

M. YOMBI (P&M)

176. OUI MON CŒUR CHANTE POUR JÉHOVAH JIRÉ

Chœur :

> *Oui mon cœur chante*
> *Pour Jéhovah Jiré*
> *Chante sa grâce sa bonté, son*
> [*amour.*

1. Il t'a donné Jésus
   En lui réjouis - toi
   Il est ton ami
   Ton refuge, ton abri.
   Chœur

2. Et sa miséricorde
   Est un bien quotidien
   Dans ta détresse
   Crie à lui, tu verras.
   Chœur

3. Chante, chante sans cesse
   Son doux et puissant nom
   Accomplissant tes voeux
   Chaque jour pour ton Dieu.
   Chœur

4. Il est le Roi des rois
   L'Éternel des armées
   Le Tout-Puissant Seigneur
   Son nom est merveilleux !
   Chœur

5. Venez et écoutez
   Et je raconterai
   Ce qu'il a fait pour moi

L'Éternel est mon Dieu !
Chœur

M. YOMBI (P&M)

177. DANS LA JOIE

Chœur :

> *DANS la joie, dans l'amour, dans*
> ...... [*la foi*
> *Seigneur, nous t'attendons*

1. Jésus dit : que votre cœur ne se
   [trouble point
   Croyez en Dieu et croyez en moi
   Jésus dit : je vais vous préparer
   [une place
   Après quoi je reviendrai vous
   [chercher.
   Chœur

2. Jésus dit : tu aimeras
   Le Seigneur ton Dieu
   De tout ton cœur et de toute ton
   [âme
   De toute ta pensée et de toute ta
   [force
   Tu aimeras ton prochain
   Comme toi-même.
   Chœur

3. Jésus dit : il y aura des troubles
   [des famines
   Et des tremblements de terre en
   [divers lieux

Cela n'est que le commencement
[des douleurs
Prenez donc garde à vous-même,
[veillez, priez.

Chœur

4. Le Seigneur insiste vraiment sur la
[prière :
Criez à Dieu nuit et jour il
[répondra.
Mais le fils de l'homme
Trouvera-t-il la foi
Quand il reviendra ici sur la terre.

Chœur

5. Allez partout le monde et prêchez
[la bonne nouvelle
Faites de toutes les nations des
[disciples
Les baptisant au nom du Père, du
[Fils du Saint-Esprit
Voici je suis avec vous tous les
[jours
Avec toi nous prêchons (bis)
Avec toi nous souffrons (bis)
Avec crainte nous vivons (bis)
Dans la joie Seigneur
Nous t'attendons.

Chœur

M. YOMBI (P&M)

178. DIEU TOUT-PUISSANT, QUAND MON CŒUR CONSIDÈRE

1. DIEU Tout-Puissant, quand mon
[cœur considère,
Tout l'univers créé par ton
[pouvoir,
Le ciel d'azur, les éclairs, le
[tonnerre
Le clair matin ou les ombres du
[soir.
{ De tout mon être alors s'élève un
[chant :
Dieu Tout - Puissant
Que Tu es grand ! } (bis)

2. Quand par les bois ou la forêt
[profonde,
J'erre et j'entends tous les oiseaux
[chanter;
Quand sur les monts, la source
[avec son onde,
Livre au zéphyr son chant doux
[et léger...
{ Mon cœur heureux s'écrie à
[chaque instant :
Ô Dieu d'amour,
Que Tu es grand ! } (bis)

3. Mais quand je songe, ô sublime
[mystère !
Qu'un Dieu si grand a pu penser
[à moi !

Que son cher Fils est devenu mon
[Frère
Et que je suis l'héritier du grand
[Roi..
{ Alors mon cœur redit, la nuit,
[le jour
Que Tu es bon,
O Dieu d'amour ! } (bis)

4. Quand mon Sauveur éclatant de
[lumière,
Se lèvera de son trône éternel,
Et que laissant les douleurs de la
[terre.
Je pourrai voir les splendeurs de
[son ciel.
{ Je redirai dans son divin séjour,
Rien n'est plus grand
que ton amour. } (bis)

179. AVONS-NOUS MÉRITÉ TANT D'AMOUR

1. AVONS-NOUS mérité tant
[d'amour
Avons-nous mérité
Dieu nous a tant aimés
Qu'il a donné
Son fils pour nous sauver

Chœur :

Sois loué (4 er)

Ô Seigneur Jésus

2. Jésus-Christ a brisé

Les chaînes qui nous tenaient
[prisonniers
Il nous a libérés
Et a fait de nous des privilégiés.
Chœur

3. Satan est renversé, alléluia!
Le diable est tombé.
Jésus est couronné, alléluia!
L'amour a triomphé.
Chœur

4. Bénissons le Seigneur, alléluia!
Louons-le de tout cœur.
Célébrons sa grandeur.
Il est digne de louange dans sa
[splendeur.
Chœur

5. Adorons notre Dieu
Alléluia chantons pour l'Éternel
Sur la terre dans les cieux
Son amour est grand, sa Parole
[fidèle.
Chœur

6. Rendons grâce au Seigneur
il a fait des merveilles dans nos
[vies
Nous a rendus vainqueurs
Et nous sommes en route pour
[le paradis.
Chœur

J. M. BINDZI (P&M)

180. AS-TU FAIM, ES-TU DÉPRIMÉ

1. As-tu faim? es-tu déprimé ?
   Jésus est le pain de vie, prends-Le !
   { Tu n'auras plus faim (ter)
   Avec Jésus } (bis)

2. As-tu soif ? es-tu desséché ?
   Jésus est la source de vie,
   [prends-Le !
   { Tu n'auras plus soif (ter)
   Avec Jésus } (bis)

3. As-tu peur ? Es-tu tourmenté
   Jésus est le prince de paix,
   [prends-Le !
   { Tu auras la paix, Tu auras la joie
   Tu auras l'amour avec Jésus } (bis)

Chœur :

Il est ma solution
En toute situation
Il est mon Grand amour
Il est pour toujours mon seul
[Maître

4. Fais comme moi ; reçois
   [Jésus Christ
   Sur la croix, il a tout fait,
   [prends-Le !
   { Je suis justifié, Je suis sanctifié
   Je suis plus que vainqueur en
   [Jésus } (bis)

Chœur :

Je te rends hommage
Mon Dieu pour ta grâce
Ô Toi, Jésus ! Dieu d'amour
Je me languis de voir ta face
Tu es ma solution
En toute situation
Tu es mon grand amour
Tu es pour toujours
Mon seul maître !

M. YOMBI (P&M)

181. À CELUI QUI NOUS AIME

1. À celui qui nous aime
   Et qui nous a délivrés
   Par son sang de nos péchés
   A fait de nous un royaume

Chœur :

{ À toi la gloire et la puissance
Aux siècles des siècles } (bis)
Seigneur, viens, viens viens (bis)
Oh ! Viens sécher nos pleurs
Viens établir ton règne
{Viens, viens, ô Seigneur
reviens ! } (bis)

2. Voici avec les nuées,
   il vient. tout oeil le verra
   Même ceux qui l'ont percé,
   Le verront car il revient.
   Chœur

3. Il est l'Alpha l'Oméga
Le Seigneur Dieu Tout-Puissant
Qui était, qui est, qui vient
Le Seigneur Dieu Tout-Puissant.
Chœur

M. YOMBI (P) Abundant life (M)

182. CRIE POUR LE SEIGNEUR

Chœur :

> *Crie pour le Seigneur: Oh! Oh! Oh!*
> *Chante à pleine voix : Oh ! Oh ! Oh*
> *{ Nos plus belles chansons*
> *Et toutes nos vies*
> *Sont à Toi Seigneur*
> *Tu es notre amour ! } (bis)*

1. Mes jours et mes nuits
Sont à toi Seigneur.
Oui prends toute ma vie.
Du fond de mon cœur
À toi je me livre.
Pour toi je veux vivre !
Chœur

2. Oui, j'élèverai
Ma coupe de délivrances.
Ton nom je crierai.
Tu m'as retiré
Du fond de la fosse.
Gloire au Dieu très-haut !
Chœur

3. J'entrerai au ciel,

Non par mes mérites,
Par le sang de Christ.
Il essuiera toutes
Les larmes de ma vie.
Oh ! Que vienne ce jour !
Chœur

M. YOMBI (P&M)

183. DIRE À TOUT LE MONDE

1. { Dire à tout le monde,
Je voudrais le dire
Que Jésus m'a aimé. } (bis)
Oh ! Oh ! Oh !
Jésus m'a aimé (ter)

2. { Dire à tout le monde
Je voudrais le dire,
Que Jésus m'a sauvé } (bis)
Oh ! Oh ! Oh !
Jésus m'a aimé (ter)

3. { Dire à tout le monde
Je voudrais le dire,
Que Jésus m'a comblé } (bis)
Oh ! Oh ! Oh !
Jésus m'a aimé (ter)

4. { Dire à tout le monde
Je voudrais le dire,
Que Jésus satisfait } (bis)
Oh ! Oh ! Oh !
Jésus m'a aimé (ter)

5. Oh ! Oh ! Oh !

Jésus donne la joie (ter)
Oh ! Oh ! Oh !
Jésus donne la paix (ter)
Oh ! Oh ! Oh !
Jésus donne la vie (ter)

B. LOBE (P&M)

184. Ô JOUR HEUREUX, JOUR DE BONHEUR

1. Ô JOUR heureux, jour de
[bonheur,
Lumière, paix, joie ineffable !
Au fils de Dieu, saint, adorable,
À Jésus, j'ai donné mon cœur.

Chœur :

Quel beau jour ! (bis)
Où d'un sauveur j'ai su l'amour.
Oui, dans ma nouvelle patrie.
Jésus m'attend et pour moi prie.
Quel beau jour ! Quel beau jour,
Où d'un sauveur j'ai su l'amour !

2. Oh ! Comprenez mon heureux
[sort :
C'est en Jésus que Dieu pardonne;
La vie éternelle, il la donne;
Pourquoi donc te craindrais-je,
[ô mort ?
Chœur

3. Au ciel des chants ont retenti
Alléluia ! Disent les anges,

Entonnant de saintes louanges,
Car un pécheur s'est converti.
Chœur

4. C'en est fait, tout est accompli,
Le fils de Dieu m'appelle frère ;
Son sang coula sur le calvaire ;
Il est à moi, je suis à lui.
Chœur

185. L'AMOUR DE DIEU

1. L'AMOUR de Dieu de loin
[surpasse
Ce qu'en peut dire un cœur
[humain.
il est plus grand que les espaces,
Même en l'abîme il nous atteint.
Pour le péché de notre monde,
Dieu nous donna Jésus.
Il nous pardonne, ô paix
[profonde,
Il sauve les perdus.

Chœur :

L'amour de Dieu, si fort, si tendre
Est un amour sans fin :
Tel est le chant que font entendre,
Les anges et les saints.

2. Versez de l'encre dans les ondes,
Changez le ciel en parchemin ;
Tendez la plume à tout le monde
Et que chacun soit écrivain :

Vous dire tout l'amour du Père
Ferait tarir les eaux
Et remplirait la place entière
Sur ces divins rouleaux.
Chœur

3. Et que le monde un jour
        [chancelle
Avec ses trônes et ses rois,
Quand trembleront tous les
        [rebelles,
Soudain saisis d'un grand effroi,
De Dieu l'amour que rien ne lasse
Pour nous encore vivra :
C'est le miracle de la grâce,
Amen ! Alléluia !
Chœur

186. JÉSUS DOUX MAÎTRE

1. JÉSUS, doux maître,
  Règne sur moi,
  Soumets mon être,
  Sois - en le Roi.
  Je suis l'argile,
  Toi le potier ;
  Rends - moi docile,
  Ton prisonnier.

2. Jésus, Lumière,
  Pénètre en moi,
  Eprouve, éclaire
  Ma faible foi ;
  Plus blanc que neige

Rends - moi, Seigneur,
Et de tout piège,
Garde mon cœur.

3. Ô Jésus, source
  De guérison,
  Sois dans ma course
  Santé, pardon !
  Par ta puissance
  Protège-moi !
  Par ta présence
  Relève-moi !

4. Je m'abandonne,
  Jésus, à Toi ;
  Détruis, pardonne
  Tout mal en moi.
  Remplis mon âme,
  De ton Esprit,
  Et qu'il m'enflamme
  Et jour et nuit !

187. UN SEUL ROI RÈGNE

1. Un seul Roi règne sur la terre,
  Un seul Roi règne dans les cieux,
  Un seul Roi règne dans l'univers,
  Un seul Roi règne c'est Jésus.

2. Un seul est digne d'être chanté,
  Un seul est digne d'être loué
  Un seul est digne d'être adoré
  Un seul est digne c'est Jésus.

3. Un seul libère du péché,

Un seul libère les enchaînés,
Un seul libère les prisonniers,
Un seul libère c'est Jésus.

4. Le seul qui a vaincu la mort,
   Le seul qui a vaincu Satan,
   Le seul qui a vaincu pour moi,
   Le seul vainqueur c'est
   [Jésus-Christ.

5. Alléluia à toi ô Seigneur !
   Alléluia au Roi des rois !
   Alléluia au lion de Juda !
   Alléluia à toi Jésus !

   R. NKEMBE PESAUK

188. DANS LES PROFONDEURS

Chœur :

   { Dans les profondeurs,
   Dans les lieux très hauts,
   Dans tout l'univers,
   Il est le seul Dieu ! } (bis)

1. Il fait tout ce qu'il veut ! l'Éternel
   Il fait tout ce qu'il veut ! notre
   [Dieu
   Dans les cieux sur la terre !
   [l'Éternel
   Les mers et les abîmes ! notre
   [Dieu
   Chœur

2. Il fait monter les nuages ! l'Éternel
   Fait tomber la pluie ! notre Dieu

C'est lui qui crée le vent ! l'Éternel
Qui produit les éclairs ! notre
   [Dieu
Chœur

3. Il connaît nos pensées ! l'Éternel
   Il pénètre nos voies ! notre Dieu
   C'est lui qui nous protège !
   [l'Éternel
   Il est plein de bonté ! notre Dieu
   Chœur

4. Dans ta vie, dans ma vie, l'Éternel
   Il fait tout ce qu'il veut ! notre
   [Dieu
   Dans la vie de l'église ! l'Éternel
   Lui seul est souverain ! notre Dieu

5. Proclamons son saint nom !
   [l'Éternel
   Célébrons sa grandeur ! notre
   [Dieu
   Louons-le de tout cœur ! l'Éternel
   Lui seul en est digne ! notre Dieu

   M. YOMBI (P&M)

189. ACCLAMONS DIEU, IL EST NOTRE PÈRE

Chœur :

   { Acclamons Dieu, il est notre Père.
   Louons-le de tous nos cœurs.
   Oui, chantons en son honneur
   Un cantique nouveau.

Jouons de tout notre art,
Célébrons-le, il est notre
[*Père !*] *(bis)*

1. Qu'il entende nos mains ! (ter)
   Acclamons-le encore plus fort !
   Acclamons-le, il est notre Dieu !
   Chœur

2. Qu'il entende nos cris ! (ter)
   Poussons des cris, des cris de joie !
   Ré jouissons - nous il est notre
   [Père !
   Chœur

3. Qu'il entende nos instruments !
   Qu'il entende nos percussions !
   Qu'il entende nos claviers !
   Et nos guitares,
   Et nos violons,
   Et nos trompettes,
   Nos balafons,
   Célébrons-le, il est notre Dieu !
   Chœur

M. YOMBI (P&M)

190. DIEU NOUS T'AIMONS

1. Dieu nous t'aimons   (bis)
   Alléluia, alléluia (bis)

2. Nous t'adorons, Seigneur Jésus
   Alléluia, alléluia (bis)

3. Tu es digne, Seigneur Jésus
   Alléluia, alléluia (bis)

4. Tu es digne d'être adoré
   Alléluia, alléluia (bis)

5. Nous t'adorons, nous t'exaltons
   Alléluia , alléluia (bis)

6. Dieu nous t'aimons,
   Nous t'adorons
   Alléluia, alléluia (bis)

R. NKEMBE PESAUK

191. AU PIED DE LA SAINTE CROIX

1. AU pied de la sainte croix,
   Jaillit la fontaine
   Du salut que je reçois
   Grâce souveraine.

Chœur :
   Oh Sauveur, Rédempteur,
   Par Toi j'ai la vie.
   C'est dans le sang de la croix
   Que je me confie

2. Seigneur, le sang de ta croix
   Mes péchés efface,
   Tu me le dis, je le crois :
   Du mal, plus de trace
   Chœur

3. Prosterné devant la croix
   Sur le Mont Calvaire,
   De Jésus je fais mon choix

En lui seul j'espère.
Chœur

4. M'asseoir au pied de ta croix
   Est mon doux partage ;
   C'est là que j'entends ta voix
   Qui me dit : courage !
   Chœur

192. JÉSUS TE CONFIE UNE ŒUVRE D'AMOUR

1. Jésus te confie une œuvre d'amour
   Utile et bénie Jusqu'à son retour;
   Cette sainte tâche, veux-tu
   [l'accomplir,
   Pour lui, sans relâche, sans jamais
   [faiblir ?

Chœur :

Prie, agis, jour après jour,
Sans broncher, suis ton Sauveur
[avec amour
Sois fidèle, obéissant, et le Maître
rendra ton travail puissant.

2. Va chercher ton frère, esclave
   [enlacé,
   Las de sa misère, de son noir passé
   Arrache son âme au plaisir
   [trompeur,
   Le salut proclame, en Christ, ton
   [Sauveur.
   Chœur

3. Va vers la jeunesse, Que le

[tentateur
Veut leurrer sans cesse loin du vrai
[bonheur ;
Combattant le doute, parle-lui
[d'amour ;
Montre-lui la route du ciel, saint
[séjour.

Chœur

4. Va vers ceux qui meurent sans
   [Dieu, sans espoir ;
   Dis à ceux qui pleurent quand
   [tout semble noir :
   « Jésus donne vie, bonheur, joie
   [et paix
   À qui se confie en lui, pour
   [jamais»

Chœur

J. HUNTER

193. JE NE SAIS PAS LE JOUR OÙ JE VERRAI MON ROI

1. Je ne sais pas le jour où je verrai
   [mon Roi,
   Mais je sais qu'il me veut dans
   [sa sainte demeure ;
   La lumière vaincra les ombres
   [à cette heure ;
   Ce sera la gloire pour moi

Chœur :

Ce sera la gloire pour moi (bis)

La lumière vaincra les ombres à
               [cette heure
Ce sera la gloire pour moi.

2. Je ne sais quels seront les

chants des bienheureux,
Les accents, les accords
des hymnes angéliques,
Mais je sais que, joignant ma voix
               [aux saints cantiques,
Bientôt j'adorerai comme eux

Chœur :

Bientôt j'adorerai comme eux (bis)
Mais je sais que joignant ma voix
aux saints cantiques,
Bientôt j'adorerai comme eux.

3. Je ne sais quel sera le palais
               [éternel,
Mais je sais que mon âme y sera
               [reconnue,
Un regard de Jésus sera ma
               [bienvenue.
Pour moi, pour moi s'ouvre le ciel

Chœur :

Pour moi, pour moi s'ouvre
               [le ciel (bis)
Un regard de Jésus sera ma
               [bienvenue,
Pour moi, pour moi s'ouvre le ciel

BOUTELLEAU.

194. PRENDS MA VIE

1. Prends ma vie, elle doit être
À toi seul, ô divin Maître !
Que sur le flot de mes jours
ton regard brille toujours !

2. Que mes mains, à ton service,
S'offrent pour le sacrifice ;
Qu'à te suivre pas à pas
Mes pieds ne faiblissent pas !

3. Prends ma voix, et qu'elle chante
ta grâce auguste et touchante ;
Par mes lèvres que ton nom
Parle aux pécheurs de pardon !

4. Que mon esprit s'illumine
De ta sagesse divine ;
Prends mon argent et mon or
Et, toi seul, sois mon trésor !

5. Que ma volonté devienne
La servante de la tienne ;
Fais ton trône de mon cœur ;
il t'appartient, bon Sauveur !

6. Qu'ainsi mon amour répande
À tes pieds son humble offrande ;
Prends-moi, dès mes premiers
               [jours,
Tout, à toi seul, pour toujours !

195. QUAND JE CONTEMPLE CETTE CROIX

1. Quand je contemple cette croix

Où tu mourus, Prince de gloire
Combien mon orgueil d'autrefois
M'apparaît vain et dérisoire !

2. Ô mon Sauveur, ne permets pas
Qu'en aucun bien je me confie
Sauf dans le sang que tu versas
Pour que ta mort devînt ma vie !

3. Vit-on jamais amour si grand
S'unir à douleur plus extrême,
Et l'épine au front d'un mourant
Resplendir comme un diadème?

4. Je voudrais t'apporter, Seigneur
Tout l'univers en humble offrande
Mais voici ma vie et mon cœur
C'est ce qu'un tel amour
[demande.

196. DE BETHLEHEM À LA CROIX

1. De Bethlehem à la croix
De la crèche à Golgota
De ma misère à ma joie
Il n'y a que Jésus

Chœur :

Ô Jésus ton amour oui ton amour
[*pour moi*
Est si grand qu'il remplit tout mon
[*cœur*
Ô Jésus ton amour oui ton amour
[*pour moi*
Est si grand qu'il me remplit de
[*bonheur*

2. Cet amour qu'il m'a donné
Oh je voudrais le partager
Ne veux-tu pas l'accepter
Et avec moi chanter
Chœur

3. De Bethlehem à la croix
De la crèche à Golgota
De ma misère à ma joie
il n'y a que Jésus
Chœur

197. QUI DONC EST DANS CETTE ÉTABLE

1. Qui donc est dans cette étable
Où les bergers se prosternent

Chœur :

C'est Jésus, glorieuse histoire
Le Seigneur et Roi de gloire
À ses pieds prosternons-nous
Couronnons-le Roi des rois.

2. Qui est donc ce solitaire
Qui jeûne dans le désert ?
Chœur

3. Qui est donc ce bien heureux
Aux paroles merveilleuses !
Chœur

4. À qui donc apporte-t-on

Les malades et malheureux
Chœur

5. Qui est donc cet homme en
[larmes
À la tombe de Lazare
Chœur

6. C'est lui qui est acclamé
Avec des chants de triomphe
Chœur

7. C'est lui qui prie à minuit
Tout seul à Gethsémané
Chœur

8. C'est bien lui qui sur ce bois
A souffert dans l'agonie
Chœur

9. Qui est sorti du tombeau
Pour sauver et délivrer
Chœur

10. Qui donc est ce puissant Roi
Qui domine tout l'univers ?
Chœur

11. Qui soupir et qui attend
L'enlèvement de l'Épouse ?
Chœur

12. Qui est-ce donc qui nous invite
Au grand festin de l'agneau
Chœur

13. Qui est-ce donc au pied de qui

Nous placerons nos couronnes.
Chœur

198. PUR ET SAINT

1. Pur et saint Fils de Dieu
Laissant la gloire de son royaume
Prit la forme d'un simple homme
Pour nous ouvrir les portes
[des cieux.
2. Justice du Père
Dieu regardant avec amour
L'humanité dans sa misère
Envoya son fils un jour.

Chœur :
Mais nous L'avons saisi, jugé
Cloué sur la croix
Et nous L'avons laissé souffrir
Mourir sur le bois,
Son sang coula sur la croix ce
[jour-là,
Payant la rançon du monde
Qui ainsi Le traita.

3. Parmi les hommes, paix sur
[la terre,
C'est ce que les anges chantèrent
Amour et miséricorde
Du cœur de notre Dieu
[débordent..
Chœur

4. C'est par amour qu'il vient

Enlever tous nos fardeaux
C'est avec joie qu'il vient
Pour nous libérer
C'est dans la paix qu'il vient
Nous donner le vrai repos
C'est par amour qu'il met
En nous sa bonté.
Chœur

199. SAIS-TU QU'UN JOUR TU SERAS

1. Sais-tu qu'un jour tu seras
   Au tribunal de Christ
   Afin de rendre compte
   De ta vie de croyant
   Dis-moi comment sera ce jour
   pour toi,
   Sera-t-il gai ou triste ?
   Tu ne feras seulement que
                    [récolter
   Ce que tu auras semé (bis)

2. En gardant le péché
   En secret dans ton cœur
   Tu espérais en même temps
   Etre très près de Dieu
   Ne sois pas surpris lorsque ce
        [jour-là tu te retrouveras
   Très loin dans les bas-fonds
                    [du ciel
   Avec ceux qui sont comme
                    [toi (bis)

3. En aimant le monde et les choses
                    [du monde
   Tu espérais qu'en même temps,
                    [tu aimerais le Père
   Mais la Parole de Dieu déclare :
                    [Celui qui est ami
   Du monde se rend ennemi de
                    [Dieu
   C'est pourquoi n'aimez pas le
                    [monde (bis)

4. Sais-tu qu'au ciel nous serons
   Dans des quartiers différents
   Et que les croyants du même
   genre seront placés ensemble
   Les amoureux intenses de Jésus
                    [seront tout près de lui
   Tu seras dans le quartier qui
                    [correspond
   À ton amour pour lui (bis)

5. Le feu éprouvera
   Les œuvres de chacun
   Les motifs pour lesquels il les a
                    [accomplies
   Si tu les as faites pour Jésus et
   Pour toi, tu auras tout perdu
   Oui tu n'obtiendras aucune
                    [récompense
   Ce jour-là des mains du
                    [Seigneur (bis)

6. Toutes les récompenses

Que Jésus donnera
Dépendront toutes du degré
Où tu as investi ton argent,
Ton temps et tes forces et tout ce
[que tu avais
C'est cela qui fixera ta place au
[ciel
Et ton rang éternel (bis)
Maintenant, repens-toi de ton
[cœur divisé

Maintenant, décide d'avoir
un cœur entier pour Jésus

Maintenant, consacre-toi
et sois zélé pour lui
C'est alors que tu obtiendras
Un grand rang éternel.

7. La destinée ultime des prix que
[nous aurons
Ce sera de les poser aux pieds de
[Jésus-Christ
La récompense du disciple,
[ce sera la joie
D'apporter la couronne qu'il
[a gagnée
Aux pieds du Roi des rois (bis)

8. Le cri et la crainte que doit avoir
[mon cœur
C'est de pouvoir faillir à satisfaire
[son cœur
Si ce jour-là il manque à Ses pieds
[certaines couronnes

Parce que personne ne sera
[qualifié
Pour les mériter. (bis)

Maintenant je dois travailler
sans plus me ménager
C'est alors que je gagnerai
toute les couronnes pour lui

Maintenant, je m'engage
à investir mon tout.
C'est alors que je pourrai
enfin satisfaire son cœur.

200. CAR DIEU A TANT AIMÉ LE MONDE

1. Car Dieu a tant aimé le monde
   Qu'il a donné son fils unique
   Afin que quiconque croit en lui
   Ne périsse plus. (ter)
   Afin que quiconque croit en lui
   Ne périsse plus

2. Dans ton amour tu nous invites
   À donner nos biens temporels
   Pour gagner les biens éternels
   O notre Dieu. (ter)
   Pour gagner les biens éternels
   O notre Dieu.

3. Donnez, il vous sera donné
   On versera dans votre sein
   Une bonne mesure serrée, secouée
   Et qui déborde. (ter)

Une bonne mesure serrée, secouée
Et qui déborde.

4. Mon enfant donne-moi ton cœur
   Pour habitation de ma gloire
   Je veux l'avoir à moi tout seul
   Et pour toujours. (ter)
   Je veux l'avoir à moi tout seul
   Et pour toujours.

5. Seigneur je viens à toi ce jour
   Déposant mon cœur à tes pieds
   Il est à toi, Seigneur mon Dieu
   Oui à toi Seul. (ter)
   Il est à toi, Seigneur mon Dieu
   Oui à toi Seul

6. Comme nos frères de Macédoine
   Dans une pauvreté extrême
   Et dans une joie débordante
   Nous donnerons. (ter)
   Et dans une joie débordante
   Nous donnerons.

7. Je ne serai plus égoïste
   Mais avec générosité
   Bien plus que mes capacités
   Je donnerai. (ter)
   Bien plus que mes capacités
   Je donnerai.

8. Je ne serai plus menacé
   Manipulé pour te donner
   Mais entièrement de moi-même
   Je donnerai. (ter)

Mais entièrement de moi-même
Je donnerai.

9. Pardonne mon aveuglement
   À donner si nonchalamment
   Je plaiderai pour te donner
   Avec urgence. (ter)
   Je plaiderai pour te donner
   Avec urgence.

201. OÙ EST TON TRÉSOR

1. Où est ton trésor
   Là sera ton cœur
   Tu peux te tromper
   De placement ton avenir
   Compte tout autant
   Prends donc le temps
   D'y penser une heure.

Chœur :
   L'argent ne suffit pas
   Pour nous rendre heureux
   il faut d'autres trésors
   Pour combler nos vœux
   Si tu n'as soif que d'or
   Prépare tes yeux
   Tu apprendras un jour
   Qu'on n'achète pas Dieu.

2. Le Christ est venu
   Pour tout pardonner
   L'attrait de l'argent
   Il peut l'ôter

Il faut savoir
Que pour les hommes riches
C'est compliqué
D'être démuni.
Chœur

3. Amassez-vous
Des trésors au ciel
C'est le bon conseil
De l'Éternel
Ecoutez-le
Il est essentiel
Préparez-vous
Pour l'éternité
Chœur

202. PÉCHEUR, JE VOUDRAIS TE GUÉRIR

1. Pécheur, je voudrais te guérir ;
   J'ai vu tes larmes, ta souffrance;
   Mais pour avoir la délivrance,
   Il faut apprendre à m'obéir.
   Voici, je me tiens à la porte,
   Je suis ton maître et ton Sauveur,
   C'est le bonheur que je t'apporte :
   Ne veux-tu pas m'ouvrir ton cœur?

2. Sais-tu que Je suis né pour toi,
   Que pour toi J'ai donné ma vie ?
   Ton cœur est-il l'hôtellerie
   Sans place, même pour ton Roi ?
   Souvent, année après année,
   Chez toi, j'ai frappé, mais en vain.

Voici le soir de la journée,
Ne veux-tu pas m'ouvrir enfin ?

3. N'auras-tu pas besoin de moi,
   Bientôt, dans la nuit éternelle ?
   Dès aujourd'hui viens sous mon
   [aile,
   Je serai tout, oui, tout pour toi !
   Le temps rapidement t'emporte;
   Pourquoi renvoyer à demain ?
   Trop tard, un jour devant ma
   [porte,
   Tu frapperas, peut être en vain

4. Si tu n'as pas besoin de moi,
   Ecoute, obéis sans comprendre.
   Jusque à quand devrai-Je attendre?
   Ton Seigneur a besoin de toi.
   Voici, Je me tiens à la porte,
   Je suis ton maître et ton Sauveur ;
   C'est le bonheur que je t'apporte !
   Ne veux-tu pas m'ouvrir ton cœur?

203. C'EST DANS L'ÉVANGILE

1. C'est dans l'evangile qu'on trouve
   [la vie
   La paix, le pardon, le bonheur.
   Ouvrons notre cœur à la grâce
   [infinie
   Donnant tant de biens aux
   [pécheurs.

Chœur :

    Auprès du Seigneur, avec lui sur
                                [la route
    Marchons de tout cœur en
                               [chantant.
    Il sauve, il guérit, puis enlève le
                               [doute
    Il vit, il est là maintenant.

2. Il montre un endroit pour jeter la
                               [souillure
   Voilà, c'est ici Golgotha.
   Un lieu de folie, un endroit de
                               [rupture
   Mais crois, le pardon est bien là.
   Chœur

3. Suivons le chemin qui plus loin,
                               [nous entraîne
   Au centre de la vérité.
   Pendant que l'amour de Jésus
                               [nous enchaîne
   Au règne de l'éternité.
   Chœur

204. OÙ CHERCHEZ-VOUS LE BONHEUR

1. Où cherchez-vous le bonheur
   Dans ce monde où tout passe ?
   Avez-vous dans votre cœur,
   Pour Jésus une place ?

Chœur :

    N'avez-vous point de place ? (bis)
    Pour Jésus votre Sauveur,
    N'avez-vous point de place ?

2. S'il a souffert c'est pour vous,
   Oh ! merveilleuse grâce !
   Lorsqu'il luttait à genoux,
   Dieu lui voilant sa face.
   Ah de sa sublime croix,
   N'entendez-vous pas la voix,
   Qui vous dit : « pauvre pécheur,
   N'as-tu donc point de place ? »

Chœur :

    N'avez-vous point de place ? (bis)
    Ah pour l'homme de douleur
    N'avez-vous point de place ?

3. Si le monde a votre cœur,
   Croyez-vous donc qu'il fasse
   Jusqu'au bout votre bonheur ?
   Vous savez que tout passe.
   Oh ! pendant qu'il en est temps
   Ecoutez les doux accents,
   De la voix du grand vainqueur,
   Et faites-lui donc place.

Chœur :

    N'avez-vous point de place ? (bis)
    Pour Jésus le grand vainqueur,
    N'avez-vous point de place ?

205. AU LOIN SUR LA COLLINE

1. Au loin sur la colline, se tient
   [la vielle croix
   De souffrance et d'ignominie
   Ô que j'aime cette croix
   Où Jésus, Bien-aimé
   Pour tous les pécheurs fut immolé

Chœur :

   Oui je chérirai la rude croix
   Et un jour, mes trophées à ses pieds
   Je m'accrocherai à cette croix
   Jusqu'au jour où je serai couronné

2. Oui cette rude croix, par le monde
   [méprisée
   Est pleine d'attraction pour moi.
   Car l'agneau précieux
   Quitta sa gloire d'en haut.
   Pour subir le sombre calvaire
   Chœur

3. Ô ! cette rude croix tachée de sang
   [divin
   Rayonne de beauté sublime
   Sur cette vielle croix
   Jésus souffrit, mourut
   (Pour) me pardonner me
   [sanctifier.
   Chœur

4. À la vielle rude croix, je resterai
   [fidèle
   Portant avec joie son opprobre.

Alors, il me prendra dans ses bras
   [là au ciel
Avec lui, pour toujours glorifié.
Chœur

206. ENTENDS-TU JÉSUS T'APPELLE

1. Entends-tu Jésus t'appelle,
   Viens ô pécheur il t'attend.
   À cette voix si fidèle,
   Tu résistas trop souvent.

Chœur :

   Laisse entrer le Roi de gloire,
   Ouvre ton cœur à Jésus,
   Laisse entrer le Roi de gloire,
   Hâte-toi ne tarde plus.

2. Pour le péché pour le monde ?
   Tu trouves place en ton cœur,
   Point pour le Sauveur du monde,
   Rien pour l'homme de douleur.
   Chœur

3. Jésus frappe, il frappe encore,
   Ouvre à ton libérateur,
   Et pour toi luira l'aurore,
   Du véritable bonheur.
   Chœur

4. Aujourd'hui, c'est jour de grâce,
   Ne compte pas sur demain.
   Pendant que ton Sauveur passe,

Saisis sa puissante main !
Chœur

207. SUR LE CHEMIN, VA SANS PEUR

1. Sur le chemin, va sans peur,
   Car Jésus est devant toi.
   Jésus-Christ, ton rédempteur
   Il veut être ton Sauveur
   Oh ! suis-le, oh ! suis-le par la foi.

Chœur :
   Et maintenant saisis la main de ton
   [Sauveur,
   Car lui seul te donne l'éternel
   [bonheur.
   Il a donné sa vie sur la croix,
   Oh ! suis-le, oh ! suis-le par la foi.

2. Et si tu tombes en chemin,
   Regarde à Jésus ton roi.
   il est dans le lieu très saint,
   Où il prie, où il prie pour toi.
   Chœur

3. Réjouis-toi chaque jour,
   Et chante à ce Dieu d'amour.
   il t'a sauvé du péché,
   Et t'a élu pour l'éternité.
   Chœur

4. Un jour Jésus reviendra,
   O quel immense bonheur.
   Dans son ciel il te prendra,

Bénis-Le, bénis-le dans ton cœur.
Chœur

208. ILS ONT MIS LE MAÎTRE SUR LA CROIX

1. { Ils ont mis le Maître
       [sur la croix } (bis)
   Oh ! Je tremble, tremble encore
   Quand je repense à sa mort
   Ils ont mis le Maître sur la croix

2. Ils ont mis des épines à son front
   Et des clous à ses poings et talons
   Oh ! Je tremble, tremble encore
   Quand je repense à sa mort
   Ils ont mis le Maître sur la croix

3. Il disait, je suis venu chercher
   Mes brebis, elles étaient égarées
   Oh ! je tremble, tremble encore
   Quand je repense à sa mort
   ils ont mis le Maître sur la croix

4. À quoi bon ces trois années
       [d'espoir
   S'ils l'ont mis au fond d'un grand
       [trou noir
   Oh ! je tremble, tremble encore
   Quand je repense à sa mort
   Ils ont mis le Maître sur la croix

5. Aux lueurs de la troisième aurore
   Dans la tombe en vain on a
       [cherché son corps

Il avait roulé la pierre,
Il avait roulé la mort
Son amour est plus précieux que
[l'or.

209. IL EST ROI, IL EST ROI

Chœur :

Il est Roi, il est Roi
Et Seigneur des seigneurs
Que toute la terre se réjouisse en
[son nom
Il est Roi, Jésus-Christ est Roi !

1. Il est assis sur le trône et il règne.
Il intercède pour tous les saints.
Que toute la terre se réjouisse en
[son nom
Il est Roi, Jésus-Christ est Roi !
Chœur

2. Dieu l'a élevé dans les lieux
célestes
Au-dessus de toute domination.
Que toute la terre se réjouisse en
[son nom
Il est Roi, Jésus-Christ est Roi !
Chœur

3. En son nom nous chassons les
[démons.
En son nom guérissons les
[malades

Que toute la terre se réjouisse en
[son nom
Il est Roi, Jésus-Christ est Roi !
Chœur

210. JE SUIS FANATIQUE DE JÉSUS

1. { Je suis fanatique de Jésus
Je n'ai pas honte de le dire
Il a transformé toute ma vie
C'est lui seul qui me suffit } (bis)

Chœur :

Ah Jésus ô
Jésus ô (bis)
Ah Jésus ô
Ton amour a conquis mon cœur

2. { Je croupissais jour et nuit
Sous le poids de mes péchés
Mais quand sa lumière a brillé
dans ma vie,
Son amour m'a tout pardonné} (bis)
Chœur

3. { Ma face toujours défaite
À cause de mes nombreux soucis
Mais quand sa lumière a brillé
[dans ma vie,
Son amour m'a donné la joie }(bis)
Chœur

4. { Torturé par la souffrance
À cause de mes multiples maladies

Mais quand sa lumière a brillé
[dans ma vie,
Sa puissance a tout guéri } (bis)
Chœur

5. { J'ai connu des déceptions
Et des échecs multipliés
Mais quand Sa lumière a brillé
[dans ma vie,
Je suis devenu succès pour
[Dieu } (bis)
Chœur

ABOMO Marie (Janvier 2008)

211. JÉSUS, NOUS TE LOUONS

Chœur :

Jésus, nous louons,
Emmanuel, nous célébrons;
L'Etoile du matin, le Lion de Juda
Tu as vaincu pour l'éternité,
L'Etoile du matin, le Lion de Juda
Tout genou fléchit en ton nom.

1. Nous étions égarés
Comme des brebis sans berger,
Et chacun de nous suivait sa
[propre voie
Ton appel d'amour nous est
[parvenu
Nous avons répondu à cet amour,
[Seigneur

Ton nom puissant nous a libérés.
Chœur

2. Nous sommes plus que vainqueurs
Par toi qui nous fortifies
Nous avons l'espérance de la vie
[éternelle
Car nous croyons en ton nom
[Seigneur
Nous avons l'espérance de la vie
[éternelle
Car nous croyons en ton nom
[Seigneur
Chœur

3. En ton nom oh Jésus
Les pécheurs sont sauvés
Les démons sont chassés,
Les malades guérissent
L'espoir renaît dans les vies
Les démons sont chassés,
Les malades sont guéris
L'espoir renaît dans nos vies,
[Seigneur

BILLE Germaine (2007)

212. JÉSUS QUITTA LE TRÔNE

1. Jésus quitta le trône de son Père,
Il descendit ici bas sur la terre
Il accepta la crèche pour berceau
Lui Roi des rois le fils du Dieu
...........[très haut.

Chœur :

> *Ô oui c'est vrai, je sais que c'est vrai,*
> *Il est écrit, cela suffit*
> *Que Jésus m'aime oh bonheur*
> > *[suprême*
> *La bible me le dit.*

2. En tout les lieux, portant la
   > [délivrance
   Faisant le bien, guérissant
   > [la souffrance
   Il pardonnait aux pêcheurs
   > [repentants
   Il bénissait jusqu'aux petits
   > [enfants.
   Chœur

3. Il fut cloué sur la croix méprisable
   Lui juste et saint mourut pour moi
   > [coupable
   Pour me sauver son sang fut
   > [repandu
   C'est pourquoi j'aime le Seigneur
   > [Jésus
   Chœur

4. Plus que vainqueur, il sortit de la
   > [tombe
   Gloire à l'Agneau divin sauveur
   > [du monde
   Il règne au ciel intercède pour moi
   Il vient bientôt me chercher je le
   > [crois.
   Chœur

213. AU CIEL EST LA MAISON DU PÈRE

1. Au ciel est la maison du Père
   Etincellent de beauté
   Tout en elle est gloire et lumière
   Ineffable félicité

Chœur :

> *Vers le ciel, (bis)*
> *Nous, nous marchons vers le ciel*
> *{ C'est au ciel, (bis)*
> *Qu'est notre héritage éternel } (bis)*

2. Là, le bonheur est sans mélange
   Là, le péché ne règne plus
   C'est l'amour et c'est la louange
   C'est la présence de Jésus
   Chœur

3. Dans nos fatigues sur la terre
   Dans nos combats et nos douleurs
   C'est toi douce maison du Père
   Que cherchent nos yeux et nos
   > [cœurs
   Chœur

4. Jours de peine ou jours
   > [d'allégresse
   Douce brise ou vents orageux
   Poussez-nous, poussez-nous sans
   > [cesse
   Vers notre demeure des cieux.
   Chœur

   E Budry

214. ECOUTEZ L'APPEL

1. Écoutez l'appel du Berger!
   Il sait ses brebis en danger,
   Il les appelle avec amour,
   Espérant toujours leur retour.

Chœur :
   Cherchons-les! Cherchons-les!
   Savons-nous le prix d'une âme!
   Cherchons-les! Cherchons-les!
   Le Bon Berger les réclame

2. Mourant de froid, de soif, de faim,
   Les brebis appellent en vain.
   Jésus nous veut pour les sauver.
   Qui va l'aider à les trouver?
   Chœur

3. Ne peut-il pas compter sur nous?
   Ne voulons-nous pas aller tous
   Dire à tous ceux qui sont perdus
   Que nous les voulons pour Jésus?
   Chœur

Ch Rochedieu.

215. QUEL AUTRE AI-JE

1. Quel autre au ciel ai-je que toi ?
   Oh mon Dieu, mon Sauveur
   N'as-tu pas ouvert à ma foi
   Les trésors de ton cœur ?
   Tu t'es donné toi-même à moi
   Et vivant sous ta douce loi
   Je ne prends de plaisir qu'en toi
   Oh mon Dieu, mon sauveur

2. Que me font les biens d'ici bas ?
   Oh mon Dieu, mon Sauveur
   Ils passent, tu ne passes pas
   Tu suffis à mon cœur
   Dans le deuil ou la pauvreté
   Dans l'exil ou l'adversité
   Tu restes ma félicité
   Oh mon Dieu, mon Sauveur.

3. Je serais toujours avec toi
   Oh mon Dieu. mon sauveur
   Rien ici bas, non rien ne doit
   M'arracher de ton cœur
   Les vents peuvent se déchaîner,
   Les torrents peuvent dérober
   ta grâce est mon ferme rocher
   Oh mon Dieu, mon sauveur.

4. Par la main droite tu m'as pris
   Oh mon Dieu, mon sauveur
   Par ton conseil tu me conduis
   Au repos sur ton cœur
   Et quant viendra le dernier jour,
   Tu m'ouvriras avec amour
   Les portes du divin séjour,
   Oh mon Dieu, mon sauveur.

TABLE ALPHABÉTIQUE DES MATIÈRES

126 | Christ est vainqueur

J

L

M

N

O

CHRIST
THE
VICTOR

COLLECTION OF HYMNS

« And having disarmed the powers and authorities, he made a public spectacle of them, triumphing over them by the cross.» (Colossians 2:15)

« The reason the Son of God appeared was to destroy the devil's work. » (1 John 3:8b)

« I have given you authority to trample on snakes and scorpions and to overcome all the power of the enemy; nothing will harm you. » (Luke 10:19)

« Therefore go and make disciples of all nations, baptizing them in the name of the Father and of the Son and of the Holy Spirit, and teaching them to obey everything I have commanded you. And surely I am with you always, to the very end of the age. » (Matthew 28:19-20)

1. THERE'S A MAN ON THE THRONE OF GOD

1. There's a Man on the Throne of
                    [God
   He's the Saviour of the world
   In His hands are the nail prints
   Of His suffering for all
   He offers salvation full and free
   To all who would come to Him
                [Hallelujah !
   Hallelujah ! Hallelujah !
   He's the Saviour of the world,
                [Hallelujah!
   Hallelujah ! Hallelujah !
   He's the Saviour of the world.

2. Behold Him at the right hand of
                    [God
   Interceding day and night
   You're the object of His cries to
                    [God,
   Pleading that you may be saved
   He is labouring, He is giving all
   That from sin you may be saved
   Hallelujah !
   Hallelujah ! Hallelujah !
   Jesus-Christ labours for you,
   Hallelujah!
   Hallelujah ! Hallelujah !
   Jesus-Christ labours for you.

3. Behold, behold, God's
                [outstretched arms
   Waiting to receive you

He looks at the Saviour's blood
And hears His cries from the
                    [throne
Because of these, He will receive
                    [you
And make you His for ever;
Hallelujah!
Hallelujah ! Hallelujah !
Now's your hour to come to Him,
Hallelujah !
Hallelujah ! Hallelujah !
Now's your hour to come to Him.

4. Oh, my brother, oh, my sister
   Fellow creatures of our God
   I've been to Him who's
                [the Saviour
   And been saved and freed from
                    [sin
   You too should come, just as you
                    [are
   And He'll do the same for you
   Hallelujah !
   Hallelujah ! Hallelujah !
   Now's your hour to come to Him,
                [Hallelujah !
   Hallelujah ! Hallelujah !
   Receive Him now as your all.

Z. T. FOMUM (20.9.1989) (Come ye sinners poor and
wretched sick and wounded by the fall.)

2. WORTHY ART THOU TO TAKE THE SCROLL

1. WORTHY art Thou to take the
[scroll
And, Saviour, open all its seals
For Thou wast slain and by Thy
[blood
Didst ransom men.

2. Worthy art Thou blessed Saviour
For t'was unto God the Father
That Thou didst ransom the lost
Unto our God.

3. Wondrous and blessed Saviour
[King
It was from every tribe and tongue
Lord from all peoples and nations
Thou ransomed them.

4. Exalted, King of all glory
Thou hast made of all the
[ransomed
A kingdom of priests unto our
[God
With Thee they'll reign.

5. Blessed Saviour, Holy Jesus,
Thou hast made of wretched me
One of those to sit on the throne
And reign with Thee.

Z. T. FOMUM (25.01.1988)

3. I WILL PRAISE THEE O LORD

Chorus:

I WILL praise Thee O Lord,
among the people,
I will sing unto Thee among the
[nations.

1. For Thy mercy is great unto the
[heavens,
And Thy truth right unto the
[clouds.
Chorus

2. Be Thou exalted, O God, above
[heavens,
Let Thy glory be above all the
[earth.
Chorus

3. I will sing of Thy power, yea, I will,
Sing aloud of Thy mercy in the
[morning.
Chorus

4. For Thou hast been my only
[Defence,
And my Refuge in the day of
[trouble.
Chorus

5. Unto Thee, O God, will I sing,
God of mercy and my strength.
Chorus

J. BESSONG (1984)

Christ the victor | 135

4. ALL SAINTS TO WAR ! ARISE

1. ALL saints to war ! arise,
   And fight the Lord's battle,
   Put in your all and then prevail
   With the eternal King.

2. All saints to war ! arise,
   Arise with strength t'oppose,
   Standing with Christ over Satan's
   [host
   To conquer and to reign.

3. Slumbering Christians ! arise,
   Arise from sleep and ease,
   Princes and powers muster their
   [arrays
   Arise and watch and pray.

4. All saints to war ! arise,
   With Him to stand on His side,
   Wrestle to overthrow all Satan's
   [host
   Triumphing every foe.

5. Arise and watch ! arise,
   The Master will soon appear,
   The time is short, stand and fight
   [now,
   For soon it will be night.
   And when He shall appear,
   After these battling days
   From Him shall come rewards of
   [crowns

To every faithful one.

DONALD NGONGE.
(Like 534 Church Hymnary.
Adapted from Charles Wesley).

5. I HEAR MY GLORIOUS SAVIOUR SAY

1. I HEAR my glorious Saviour say,
   "Follow Me, follow Me, follow Me"
   His voice is calling all the day,
   "Follow Me, follow Me, follow Me"
   For you, I trod the bitter way,
   For you, I gave My life away,
   I drank the gall thy debt to pay,
   "Follow Me, follow Me, follow Me"

2. "Come, cast on Me your many
   [cares,
   "Follow Me, follow Me, follow Me"
   I am the answer for your needs,
   "Follow Me, follow Me, follow Me"
   Though you have sinned I pardon
   [you,
   I am the answer to your
   [backsliding
   I restore you to all My fullness,
   "Follow Me, follow Me, follow Me"

3. Behold the past is all forgiven,
   "Follow Me, follow Me, follow Me"
   Your past sins I remember no
   [more,
   "Follow Me, follow Me, follow Me"
   I offer you the joy of My life

And the pathway of suffering unto
[death
And in all these I'll be with you,
"Follow Me, follow Me, follow Me"

4. I am your never-falling Guide,
   "Follow Me, follow Me, follow Me"
   Forsake the world, what'er betide,
   "Follow Me, follow Me, follow Me"
   And walk by faith and not
   [bysight,
   My hand shall guide you everyday,
   Through day time bright or
   [darkened night,
   "Follow Me, follow Me, follow Me"

5. Suffering and shame wt be
   [the end,
   "Follow Me, follow Me, follow Me"
   Behold I have a crown in store for
   [you,
   "Follow Me, follow Me, follow Me"
   And My Father's wondrous
   [presence,
   The home prepared for My very
   [own,
   Then you will sit with Me on
   [the throne
   And rejoice for having followed
   [Me.

Z. T. FOMUM

(Port Harcourt, 15th August 1982)

6. WHEN THE CHILDREN OF GOD

1. WHEN the children of God,
   Have taken their stand,
   What right have you to protest ?
   We cast you out,
   In Jesus' name,
   What right have you to protest ?

Chorus :

   What right ? (twice)
   What right have you to protest ?
   We command you in Jesus' name,
   What right have you to protest ?

2. We rebuke you this day,
   In Jesus' name !
   We cast you out ; in Jesus' name !
   We send you into
   The deepest pit,
   You must go and wait for your
   [doom

Chorus

3. With the power in the blood,
   We hit you with the cross,
   We cut you with the Word, in
   [Jesus' name.
   We overcome you, In Jesus' name
   What right have you to protest ?
Chorus

4. We are children of God,
   We have authority

Over you Satan and your agents,
We break your powers,
We crush you down
In Jesus' name this day.
Chorus

5. You, son of perdition,
   You Lucifer,
   And your demons, we know you
   [all,
   You came in spirits,
   You came in diseases,
   We cast you out in Jesus' name
   Chorus

6. We have our victory,
   Where is your victory ?
   You, son of perdition ; you are
   [defeated!
   We shame you this day In Jesus'
   [name !
   What right have you to protest?
   Chorus

7. You, master liar,
   You, destroyer,
   You, devourer, Where is your
   [victory ?
   We shame you this day,
   In Jesus' name !
   What right have you to protest ?
   Chorus

   S. TAJU (1988)

7. I AM HOLY FOR THE LORD

1. I AM holy for the Lord has made
   me holy.
   I am holy for He has sanctified me
   I am holy by His very holiness.
   I am holy, it is the work of His
   [mighty hand.

2. I am clean for the Lord has made
   [me very clean
   I am clean for He has washed me,
   [washed me
   I am clean by His very cleanliness
   I am clean, it is the work of His
   [mighty hand.

3. I am righteous for the Lord has
   [made me righteous
   I am righteous for He has justified
   [me
   I am righteous by His very
   righteousness
   I am righteous, it is the work of
   His mighty hand.

4. I am wise for the Lord has made
   me very wise
   I am wise for He has taught me,
   [taught me
   I am wise by His very wisdom
   I am wise, it is the work of His
   [mighty hand.

   E. BAYIHA

8. YOU A DISCIPLE

1. YOU a disciple
   Of the Lord Jesus
   Your Lord learned to pray.
   He spends time praying
   Praying to the Father
   That your faith might grow
   Rise from sleep
   And pray like Him
   Wrestle on your knees
   Your captain the Lord Jesus-Christ
   Is right now at prayer.

2. He calls to prayer
   All those who are His
   All who will follow Him into
   [conflict
   With the powers
   That hold men captive
   Rise from ease
   Oh man for victory
   For to that you are called
   Labour with Him praying at night
   And in the day too.

3. At the Jordan
   Wrestling in prayer
   He rent the heavens
   Then the Spirit came as a dove
   And rested on Him
   He then went
   In might and power
   And laboured in prayer

Until the Father's gracious will
   Was fully accomplished.

4. Though now on the throne
   Right in His glory
   He yet does one thing
   He does intercede
   Praying night and day
   For the saints on earth.
   You are the one
   For whom He has prayed.
   For so many years.
   That you may enter right now
   Into His fullness.

5. He is praying
   He is fasting
   He holds nothing back
   Arise, my sister
   Arise, my brother
   Join Him in prayer
   Then the power of our God
   Will be poured out on all
   Many will then be transformed
   And then the King will come.

Z. T. FOMUM (9.07.1979)

9. HARK HARK THE VOICE OF CHRIST

1. HARK Hark the voice of Christ
   [our Lord is ringing
   Calling His sheep ; to follow and
   [obey

The fight is on ; our Captain is
[proclaiming
Come ye my soldiers ; I am on
[the move.

Chorus :

Christians, rejoice ; your Faithful
[*keeps watching*
Sing and proclaim the triumph of
[*the Lord*
Till all His foes are crushed and bow
[*before Him*
Christ is the Victor ; He's the Lord
. [*and King.*

2. Awake from sleep ; the harvest
[awaiting
Go in His name, possess the land
... [for Him
Lift up your voice ; the name of
.......[Christ proclaiming
Let weary souls find refuge in the
[King

Chorus

3. Watch ! keep alert ; the heavens
[will open
We'll hear the sound ; our Lord
[will soon appear
Oh ! Church of God ; Behold the
[hour soon cometh

Oh ! What a wonder to behold
[His face.

Chorus

G. EPAMBA

10. I SEE BEFORE ME JUST TWO WILLS

1. I SEE before me just two wills
The will of God and the enemy's
No other will besides these two
I'll do Your will.

2. I will not bring in my own will
For my will would be the enemy's
I take Your will, my Lord, for mine
I'll do Your will.

3. I give myself to seek Your will
In all I think and say and do
And when it's found my choice is
[made
I'll do Your will.

Z.T.FOMUM (8.09.1987)

11. OH GOD, OH GOD, YOU ARE LORD

1. { OH GOD, Oh God, you are
[Lord
You are God above all gods}(twice)
You are Lord above all the lords
[on earth,
You are God above all the gods.
Oh God, oh God, you are Lord,

You are God above all the gods.

2. { Oh God, oh God, you are Lord
You are Lord of heaven and
earth, } (twice)
You are greater than all the powers
[on high ;
The Lord of hosts most high.
Oh God, oh God, you are Lord,
You are Lord of heaven and earth.

3. { Oh God, oh God, you are Lord,
You are the Almighty King }(twice)
Your kingdom is forever more,
On earth as well in heaven.
Oh God, oh God, you are Lord,
Your reign is forever more.

J. BESONG (02.1988)

12. BEHOLD THE LAMB, THE SON OF GOD

1. BEHOLD the Lamb, the Son of
[God
He loved me and He gave His life
He bled and died upon the tree
To change my life and set me free
How sweet to know that I am
[saved
Because He died on Calvary.

2. Behold the Lamb; the risen Lord
He rose again ! What victory !
He went to heaven at the right
hand of God.

He's lifted up in power and might
How sweet to know that at the
[throne
On my behalf He intercedes.

3. Behold the Lamb, the Faithful
[one
My hand in His He'll see me
[through
And take me through this world
[of sin
In holiness and victory,
When the trumpet sounds on that
[great day
In joy I'll see Him face to face.

4. Behold the Lamb, eternal King
He is coming to reign eternally
I yield to Thee, O King of kings
I crown Thee King, King of my life
Accept this day, in mercy and
[grace
This sacrifice, my very life.

R. MBAFOR (26.08.1988).

13. JESUS-CHRIST IS OUR LORD AND KING

1. JESUS-CHRIST is our Lord and
[King
He is our King
We have found in Him our
[deliverance
He is our Shield

All the demons of hell may rage
And the principalities may scream
But Jesus-Christ is the Victory
He is our Rock !

2. When all of hell stood in triumph
Jesus came down
He took the powers of sin to task
And triumphed over them
On that glorious day at Calvary
He went to war against Satan
He disarmed the principalities
And stood Victor !

3. In union with Him on Calvary
Our Lord took us
His victory became our victory
[Over Satan
We are now victors over demons
We overthrow principalities
We bring down all powers of
[darkness
In Jesus' name !

4. Soon Satan and all his forces Will
[be in hell
We shall then reign with our
[Saviour
In His heaven
Then seated with Christ in glory
We shall worship Him endlessly
And bless His glorious Holy name
For ever more !

Z.T.FOMUM. (24.03.1985).

14. O LORD MY GOD, YOU ARE KING OF KINGS

1. O LORD my God, You are King
[of kings
You are enthroned above all
[names
In heaven on high, on earth below
Jesus, my Lord, You are King of
[kings.

2. Heaven Your throne, earth Your
[footstool
Principalities and powers must
[bow
All dominion, all rule must bow
And they'll confess Jesus-Christ is
[Lord.

3. You are sovereign, You are
[supreme
Your will in heaven, on earth must
[be
Your Kingdom comes, all knees
[must bow
And every tongue confess You
[Lord.

4. Jesus, You reign in Your Church
[on earth
Jesus, You reign in heaven above
Jesus, You reign under earth
[beneath
Jesus, You reign in the universe.

5. Glory and honour to Jesus-Christ

Power and might are Thine,
O Lord
Excellence, splendour and majesty
Amen.

R. MBAFOR (1988).

15. IN THE FATHER'S GOODPLEASURE

1. IN the Father's good pleasure
   He's ordained intercession
   And then invited those who
   [would
   To stand now in the gap.

2. He could have established
   That without intercession
   His will might yet be established
   On earth as in heaven.

3. Yet that pathway He did not
   [choose
   But set forth a divine law
   That unless men interceded
   He would not do many things.

4. So unchanging is this law
   That it is binding on all
   Even the Son right on the throne
   Must intercede night and day.

5. The Son understands this law
   And bearing the Church on His
   [heart
   Since His return to the throne

Does nothing but intercede.

6. The Father waits for the
   [Redeemed
   To follow in His steps
   And make daily intercession
   Life's most important work.

7. My Lord, My God and My King
   I give myself to Thee
   And now make intercession
   My life's one priority.

8. O ! blessed Holy Spirit
   You intercede in me
   Help me daily in this work
   As I labour in Thee

9. O ! blessed Father of glory
   Hearken to my intercessions
   And grant the requests of my
   [heart
   As I labour with Thine Christ.

Z. T. FOMUM (Yaounde, 10th April 1988)

16. WELL-DONE GOOD AND FAITHFUL SERVANT

1. WELL-DONE good and faithful
   [servant
   You gave your all for Me
   You suffered shame on earth for
   [Me
   You were faithful to the end.

2. Enter now into My glory

Prepared for My very own
Come into My very presence
And be lost in My love.

3. Sit at the banquet I've prepared
   For My special lovers
   Sit at My own very table
   And eat from My own plate.

4. Behold the joy of My Father
   The home prepared for you
   Behold its wondrous beauty
   And it is all for you.

5. Here flows the river of life
   And it flowsJust for you
   Here grows that evergreen tree
   My Father's plant for you.

6. Together we will live and reign
   On My Father's great throne
   Angels shall serve us together
   Through all eternity.

7. Then through all eternity,
   Reigning on the throne with Me
   You'll know that it was all by grace
   And praise the eternal King.

   Z. T. FOMUM. (Obala, 15th May 1982)

17. DOWN ON EARTH AND UP IN HEAVEN

1. DOWN on earth and up in
   [heaven
   There's no other name so sweet

No ! no other that my heart wants
But the Christ who died for me !

Chorus

Precious name ... Oh how sweet !
The Anointed of the Lord
Precious name, oh, how s-w-e-e-t
Tis the name ! Emmanuel.

2. Get the names of all the princes
   Then the names of all the kings
   Oh the wondrous name of Jesus
   His, the greatest name of all.
   Chorus

3. Glorious are the names of angels
   Seraphims and archangels
   There's none like the name of
   [Jesus
   Name that charms my heart from
   [earth.
   Chorus

4. Jesus heals the broken hearted
   Makes the wounded spirit whole
   Fills the trembling heart with
   [courage
   Sets the weary souls at rest.
   Chorus

5. At the name of Jesus bowing
   Falling prostrate at His feet
   King of glory now we crown Him
   And throughout eternity.
   Chorus

   E. NDINTEH

18. MORE HOLINESS GIVE ME, MORE STRIVINGS WITHIN

1. MORE holiness give me, more
[strivings within;
More patience in suffering, more
[sorrow for sin;
More faith in my Saviour, more
[sense in His care
More joy in His service, more
[purpose in prayer
2. More gratitude give me, more
[trust in the Lord;
More zeal for His glory, more
[hope in His Word ;
More tears for His sorrows, more
[pain at His grief ;
More meekness in trial, more
praise for relief.
3. More purity give me, more
[strength to overcome ;
More freedom from earth-stains,
more longings for home ;
More fit for the Kingdom, more
[used would I be ;

More blessed and holy, more,
Saviour, like Thee.

19. ON A HILL FAR AWAY

1. On a hill far away
Stood an old rugged cross,
The emblem of suffering and
[shame ;
And I love that old cross
Where the dearest and best
For a world of lost sinners was
[slain.

Chorus :

.So I'll cherish the old rugged cross,
Till my trophies at last I lay down ;
I will cling to the old rugged cross,
And exchange it some day for a
[crown.

2. Oh, that old rugged cross
So despised by the world,
Has a wondrous attraction for m
For the dear Lamb of God
Left His glory above, To bear it
On dark Calvary.
Chorus

3. In the old rugged cross,
Stained with blood so divine,
A wondrous beauty I see ;
For 'twas on that old cross
Jesus suffered and died,
To pardon and sanctify me.
Chorus

4. To the old rugged cross
I will ever be true,
It's shame and reproach
Gladly bear ;

Then He'll call me some day
To my home far away ;
Where His glory forever I'll share.
Chorus

20. WHEN I SURVEY THE WONDROUS CROSS

1. WHEN I survey the wondrous
   [cross
   On which the Prince of glory died
   My richest gain I count but loss,
   And pour contempt on all my
   [pride.

2. Forbid it ,Lord, that I should
   [boast,
   Save in the death of Christ my
   [God :
   All the vain things that charm me
   [most,
   I sacrifice them to His blood.

3. See ! From His head, His hands,
   His feet,
   Sorrow and love flow mingled
   [down
   Did e'er such love and sorrow
   [meet,
   Or thorns compose so rich a
   [crown?

4. Were the whole realm of nature
   [mine,
   That were an offering far too small

Love so amazing, so divine,
Demands my soul, my life, my all.

21. CHRIST THE VICTOR

1. CHRIST the victor
   This day we chant His victory
   Christ the victor.
   He's overcome the foe of the elect
   Christ's reign forever shall endure
   Yea His victory forever endures
   And His power always endures
   { To Him who sits exalted on the
   [throne
   Be honour, praise, and glory}(twice)

2. Conquered Satan
   This day we chant your demise
   Conquered are you !
   Prostrate are you before the King
   [of kings
   Forever you are overthrown
   You are conquered forevermore
   And your weakness always
   [endures
   { To the accuser of the elect of
   [God
   Shame and confusion be
   [thine} (twice)

3. Oh ye dark powers
   Demons and all dominions
   You are confused
   Judged and destroyed lies your

kingdom in ruins
Conquered is Satan forevermore
You are conquered no more to rise
And your weakness always
        [endures
{ To the accuser of the elect of
            [God
Shame and confusion be
        thine. } (twice)

4. Redeemed of the Lord
    With all hearts all minds In union
            [be
    Bowed in our hearts to our
    Redeemer Lord
    There lies the pathway to glory
    And our victory rests unshaken
    And our power always endures
    { To Him who sits exalted on the
                [throne
    Be honour, praise and
        glory } (twice)

R. FORTEH (Trad).

22. HOLY, HOLY, HOLY!

1. HOLY, Holy, Holy!
    Lord God Almighty!
    Early in the morning our song
        [shall rise to Thee ;
    Holy, Holy, Holy! Merciful and
                [Mighty,
    God in Three Persons,

Blessed Trinity!

2. Holy, Holy, Holy !
    All the saints adore Thee,
    Casting down their golden crowns
            [around the glassy sea,
    Cherubim and seraphim falling
            [down before Thee,
    Which wert, and art,
    And evermore shalt be.

3. Holy, Holy, Holy !
    Though the darkness hide Thee,
    Though the eye of sinful man
    Thy glory may not see,
    Only Thou art holy ;
    There is none beside Thee,
    Perfect in power, in love, and
                [purity.

4. Holy, Holy, Holy!
    Lord God Almighty!
    All Thy works shall praise Thy
                [Name
    in earth and sky and sea ;

    Holy, Holy, Holy, merciful and
                [mighty,
    God in Three Persons,
    Blessed Trinity !
    REGINALD HEBER, 1783-1826.

23. GLORY BE TO GOD THE FATHER

1. GLORY be to God the Father,
   Glory be to God the Son,
   Glory be to God the Spirit,
   Great Jehovah, Three in One !
   Glory, glory
   While eternal ages run !

2. Glory be to Him who loved us,
   Washed us from each spot and
   [stain !
   Glory be to Him who bought us,
   Made us kings with Him to reign !
   Glory, glory
   To the Lamb that once was slain !

3. Glory to the King of angels,
   Glory to the Church's King,
   Glory to the King of nations !
   Heaven and earth, your praises
   [bring;
   Glory, glory
   To the King of Glory bring !

4. «Glory, blessing, praise eternal !»
   Thus the choir of angels sings ;

   «Honour, riches, power,
   [dominion !»
   Thus its praise creation brings ;
   Glory, glory,
   Glory to the King of kings !

   HORATIUS BONAR, 1808-89

24. IMMORTAL, INVISIBLE, GOD ONLY WISE

1. IMMORTAL, invisible, God only
   [wise,
   In light inaccessible hid from our
   [eyes,
   Most blessed, most glorious, the
   Ancient of Days,
   Almighty, victorious, Thy great
   [Name we praise.

2. Unresting, unhasting, and silent
   [as light,
   Nor wanting, nor wasting,
   Thou rulest in might ;
   Thy justice like mountains high
   [soaring above
   Thy clouds which are fountains of
   [goodness and love.

3. To all, life Thou givest to both
   [great and small ;
   In all life Thou livest, the true life
   [of all ;
   We blossom and flourish as leaves
   [on the tree,
   And wither and perishbut
   nought changeth Thee.

4. Great Father of Glory, pure
   Father of Light,
   Thine angels adore Thee, all
   [veiling their sight ;

All laud we would render : O help
[us to see
'Tis only the splendour of light
[hideth Thee.

WALTER CHALMERS SMITH, 1824-1908

25. PRAISE, MY SOUL, THE KING OF HEAVEN

1. PRAISE, my soul, the King of
[heaven;
To His feet thy tribute bring ;
Ransomed, healed, restored,
[forgiven,
Who like me His praise should
[sing ?
Praise Him ! Praise Him !
Praise Him ! Praise Him !
Praise the everlasting King.

2. Praise Him for His grace and
[favour
To our fathers in distress ;
Praise Him, still the same for ever,
Slow to chide and swift to bless :
Praise Him ! Praise Him !
Praise Him ! Praise Him !
Glorious in His faithfulness.

3. Father-like He tends and spares
[us
Well our feeble frame He knows
In His hands He gently bears us,
Rescues us from all our foes :

Praise Him ! Praise Him !
Praise Him ! Praise Him !
Widely as His mercy flows.

4. Frail as summer's flower we
[flourish
Blows the wind and it is gone ;
But, while mortals rise and perish,
God endures unchanging on :
Praise Him ! Praise Him !
Praise Him ! Praise Him !
Praise the high eternal One.

5. Angels, help us to adore Him ;
Ye behold Him face to face ;
Sun and moon, bow down before
[Him ;
Dwellers all in time and space.
Praise Him ! Praise Him !
Praise Him ! Praise Him !
Praise with us the God of grace.

HENRY FRANCIS LYTE, 1793-1847

26. PRAISE TO THE LORD, THE ALMIGHTY

1. PRAISE to the Lord, the
Almighty, the King of creation ;
O my soul, praise Him, for He is
thy Health and Salvation ;
All ye who hear,
Now to His temple draw near,
Joining in glad adoration.

2. Praise to the Lord, who o'er all
   things so wondrously reigneth,
   Shieldeth thee gently from harm,
   or when fainting sustaineth ;
   Hast thou not seen
   How thy heart's wishes have been
   Granted in what He ordaineth ?

3. Praise to the Lord, who doth
   prosper thy work and defend thee;
   Surely His goodness and mercy
   shall daily attend thee ;
   Ponder anew
   What the Almighty can do,
   If with His love He befriend thee.

4. Praise to the Lord ! O let all that
   [is in me adore Him !
   All that hath life and breath, come
   now with praises before Him !
   Let the Amen
   Sound from His people again :
   Gladly for aye we adore Him.

   JOACHIM NEANDER, 1650-80

27. HARK ! THE HERALD ANGELS SING

1. HARK ! the herald angels sing,
   'Glory to the new-born King,
   Peace on earth, and mercy mild,
   God and sinners reconciled !'
   Joyful, all ye nations rise,
   Join the triumph of the skies,
   With the angelic host proclaim,
   'Christ is born in Bethlehem.'

Chorus :
   Hark ! the herald angels sing,
   'Glory to the new-born King.

2. Christ, by highest heaven adored,
   Christ, the everlasting Lord,
   Late in time behold Him come,
   Offspring of a virgin's womb.
   Veiled in flesh the Godhead see ;
   Hail, the Incarnate Deity,
   Pleased as Man with man to dwell,
   Jesus, our Immanuel !
   Chorus

3. Hail, the heaven-born Prince of
                          [Peace !
   Hail, the Sun of Righteousness !
   Light and life to all He brings,
   Risen with healing in His wings.
   Mild He lays His glory by,
   Born that man no more may die,
   Born to raise the sons of earth,

   Born to give them second birth.
   Chorus

   CHARLES WESLEY, 1707-88.

28. O SACRED HEAD, SORE WOUNDED

1. O SACRED Head, sore wounded,

With grief and shame weighed
[down!
O Kingly Head, surrounded
With thorns, Thine only crown !
How pale art Thou with anguish,
With sore abuse and scorn !
How does that visage languish,
Which once was bright as morn !

2. O Lord of life and glory,
What bliss till now was Thine !
I read the wondrous story ;
I joy to call Thee mine.
Thy grief and bitter passion
Were all for sinners' gain ;
Mine, mine was the transgression,
But Thine the deadly pain.

3. What language shall I borrow
To praise Thee, heavenly Friend,
For this Thy dying sorrow,
Thy pity without end ?
O make me Thine for ever,
And, should I fainting be,
Lord, let me never, never
Outlive my love to Thee.

4. Be near me, Lord, when dying ;
O show Thy Cross to me ;
And, for my succour flying,
Come, Lord, to set me free ;
These eyes, new faith receiving,
From Thee shall never move ;
For he who dies believing

Dies safely through Thy love.

PAUL GERHARDT, 1607-76 ;
tr. by JAMES WADDELL ALEXANDER, 1804-59.

29. AND CAN IT BE, THAT I SHOULD GAIN

1. AND can it be, that I should gain
An interest in the Saviour's blood?
Died He for me, who caused His
[pain
For me, who Him to death
[pursued ?
Amazing love ! how can it be
That Thou, my God, shouldst die
[for me ?

2. Tis mystery all ! The Immortal
[dies
Who can explore His strange
[design ?
In vain the first-born seraph tries
To sound the depths of love divine
Tis mercy all ! let earth adore,
Let angel minds inquire no more.

3. He left His Father's throne above,
So free, so infinite His grace
Emptied Himself of all but love,
And bled for Adam's helpless race
Tis mercy all, immense and free ;
For, O my God, it found out me !

4. Long my imprisoned spirit lay

Fast bound in sin and nature's
[night ;
Thine eye diffused a quickening
[ray,
I woke, the dungeon flamed with
[light;
My chains fell off, my heart was
[free,
I rose, went forth, and followed
[Thee.

5. No condemnation now I dread ;
Jesus, and all in Him, is mine !
Alive in Him, my living Head,
And clothed in righteousness
[divine,
Bold I approach the eternal
[throne,
And claim the crown, through
Christ my own.

CHARLES WESLEY, 1707-88

30. CHRIST THE LORD IS RISEN TODAY

1. CHRIST the Lord is risen today,
Sons of men and angels say ;
Raise your joys and triumphs high
Sing, ye heavens, and, earth, reply.
Love's redeeming work is done,
Fought the fight, the battle won ;
Lo ! our Sun's eclipse is o'er ;
Lo ! He sets in blood no more.

2. Vain the stone, the watch, the seal
Christ has burst the gates of hell :
Death in vain forbids His rise ;
Christ has opened Paradise.
Lives again our glorious King ;
Where, O death, is now thy sting ?
Once He died, our souls to save ;
Where thy victory, O grave ?

3. Soar we now where Christ has led
Following our exalted Head ;
Made like Him, like Him we rise ;
Ours the Cross, the grave, the
[skies.
Hail, the Lord of earth and
[heaven !
Praise to Thee by both be given ;
Thee we greet triumphant now ;
Hail, the Resurrection Thou !

CHARLES WESLEY, 1707-88

31. THE STRIFE IS O'ER, THE BATTLE DONE

Chorus :
HALLELUJAH !
HALLELUJAH !
HALLELUJAH !

1. THE strife is o'er, the battle done ;
Now is the Victor's triumph won ;
Now be the song of praise begun,
'Hallelujah !'
Chorus

2. The powers of death have done
[their worst,
But Christ their legions hath
[dispersed;
Let shouts of holy joy outburst,
['Hallelujah !'
Chorus

3. The three sad days have quickly
[sped;
He rises glorious from the dead ;
All glory to our risen Head !
'Hallelujah !'
Chorus

4.He brake the age-bound chains
[of hell;
The bars from heaven's high
[portals fell;
Let hymns of praise His triumph
[tell. 'Hallelujah !'
Chorus

5. Lord, by the stripes which
[wounded Thee,
From death's dread sting Thy
[servants free,
That we may live, and sing to Thee
'Hallelujah !'
Chorus

Tr. by FRANCIS POTT 1832-1909

32. REJOICE, THE LORD IS KING

1. REJOICE, the Lord is King ;
Your Lord and King adore ;
Mortals, give thanks and sing
And triumph evermore :
Lift up your heart, lift up your
[voice
Rejoice ; again I say, 'Rejoice.'

2. Jesus, the Saviour, reigns,
The God of truth and love ;
When He had purged our stains,
He took His seat above :
Lift up your heart, lift up your
[voice !
Rejoice ; again I say, 'Rejoice.'

3. His Kingdom cannot fail ;
He rules o'er earth and heaven ;
The keys of death and hell
Are to our Jesus given :
Lift up your heart, lift up your
[voice;
Rejoice ; again I say, 'Rejoice.'

4. He sits at God's right hand
Till all His foes submit,
And bow to His command,
And fall beneath His feet :
Lift up your heart, lift up your
[voice;
Rejoice ; again I say, 'Rejoice.'

5. Rejoice in glorious hope ;
   Jesus, the Judge, shall come,
   And take His servants up
   To their eternal home ;
   We soon shall hear the
   archangel's voice;
   The trump of God shall sound,
   'Rejoice.'

   CHARLES WESLEY, 1707-88

33. ALL HAIL, THE POWER OF JESUS' NAME

1. ALL hail, the power of Jesus'
                       [Name!
   Let angels prostrate fall ;
   Bring forth the royal diadem,
   And crown Him Lord of all.

2. Crown Him, ye martyrs of your
                       [God,
   Who from His altar call ;
   Extol Him in whose path ye trod,
   And crown Him Lord of all.

3. Ye seed of Israel's chosen race,
   Ye ransomed of the fall,

   Hail Him who saves you by His
                       [grace.
   And crown Him Lord of all.

4. Sinners, whose love can ne'er
                       [forget

The wormwood and the gall,
Go, spread your trophies at His
                    [feet,
And crown Him Lord of all.

5. Let every tongue and every tribe,
   Responsive to the call,
   To Him all majesty ascribe,
   And crown Him Lord of all.'

6. O that, with yonder sacred throng,
   We at His feet may fall,
   Join in the everlasting song,
   And crown Him Lord of all !

   EDWARD PERRONET, 1726-92

34. THY KINGDOM COME, O GOD

1. THY Kingdom come, O God ;
   Thy rule, O Christ, begin ;
   Break with Thine iron rod
   The tyrannies of sin.

2. Where is Thy reign of peace
   And purity and love ?
   When shall all hatred cease,
   As in the realms above ?

3. When comes the promised time
   That war shall be no more,
   And lust, oppression, crime,
   Shall flee Thy face before ?

4. We pray Thee, Lord, arise,

And come in Thy great might ;
Revive our longing eyes,
Which languish for Thy sight.

5. Men scorn Thy sacred Name,
And wolves devour Thy fold ;
By many deeds of shame
We learn that love grows cold.

6. O'er heathen lands afar
Thick darkness broodeth yet ;
Arise, O Morning Star,
Arise, and never set.

LEWIS HENSLEY, 1824-1905

35. MINE EYES HAVE SEEN THE GLORY

1. MINE eyes have seen the glory of
the coming of the Lord :
He is trampling out the vintage
where the grapes of wrath are
[stored
He hath loosed the fatal
[lightning of
His terrible swift sword :
His truth is marching on.

2. He hath sounded forth the
[trumpet
that shall never call retreat ;
He is sifting out the hearts of men
before His judgment-seat :
O, be swift, my soul, to answer

Him ; be jubilant, my feet !
Our God is marching on.

3. In the beauty of the lilies Christ
was born across the sea,
With a glory in His bosom that
transfigures you and me :
As He died to make men holy,
let us live to make men free,
While God is marching on.

4. He is coming like the glory of
the morning on the wave ;
He is wisdom to the mighty ;
He is Succour to the brave ;
So the world shall be His foots
[tool,
and the soul of time His slave :
Our God is marching on !

JULIA WARD HOWE, 1819-1910 and others.

36. O FOR A THOUSAND TONGUES, TO SING

1. O FOR a thousand tongues, to
[sing
My great Redeemer's praise,
The glories of my God and King,
The triumphs of His grace !

2. My gracious Master and my God,
Assist me to proclaim,
To spread through all the earth
[abroad

The honours of Thy Name.

3. Jesus ! the Name that charms our
[fears,
That bids our sorrows cease ;
'Tis music in the sinner's ears,
'Tis life, and health, and peace.

4. He breaks the power of cancelled
[sin
He sets the prisoner free ;
His blood can make the foulest
[clean,
His blood availed for me.

5. He speaks, and, listening to His
[voice,
New life the dead receive,
The mournful, broken hearts
[rejoice,
The humble poor believe.

6. Hear Him, ye deaf ; His praise, ye
[dumb,
Your loosened tongues employ ;
Ye blind, behold your Saviour
[come
And leap, ye lame, for joy !

7. Glory to God, and praise, and love
Be ever, ever given
By saints below and saints above,
The Church in earth and heaven.

CHARLES WESLEY, 1707-88.

37. YE SERVANTS OF GOD, YOUR MASTER PROCLAIM

1. YE servants of God, your Master
[proclaim,
And publish abroad His
[wonderful
Name;
The Name all-victorious of Jesus
[extol;
His Kingdom is glorious, and
rules over all.

2. God ruleth on high, almighty
[to save;
And still He is nigh, His presence
[we have ;
The great congregation His
[triumph shall sing,
Ascribing salvation to Jesus our
[King.

3. Salvation to God, who sits on the
[throne !
Let all cry aloud, and honour the
[son :
The praises of Jesus the angels
[proclaim,
Fall down on their faces, and
[worship the Lamb.

4. Then let us adore, and give Him
[His right,
All glory and power, all
wisdom and might,

All honour and blessing, with
    [angels above,
And thanks never-ceasing, and
    [infinite love

CHARLES WESLEY, 1707 – 88

38. SPIRIT DIVINE, ATTEND OUR PRAYERS

1. SPIRIT Divine, attend our
    [prayers,
And make this house Thy home ;
Descend with all Thy gracious
    [powers;
O come, great Spirit, come !

2. Come as the light : to us reveal
Our emptiness and woe ;
And lead us in those paths of life
Where all the righteous go.

3. Come as the fire : and purge our
    [hearts
Like sacrificial flame ;
Let our whole soul an offering be
To our Redeemer's Name.

4. Come as the dew : and sweetly
    [bless
This consecrated hour ;
May barrenness rejoice to own
Thy fertilizing power.

5. Come as the dove : and spread
Thy wings,

The wings of peaceful love ;
And let Thy Church on earth
    [become
Blest as the Church above.

6. Come as the wind, with rushing
    [sound
And Pentecostal grace,
That all of woman born may see
The glory of Thy face.

7. Spirit Divine, attend our prayers ;
Make a lost world Thy home ;
Descend with all Thy gracious
    [powers;
O come, great Spirit, come !

ANDREW REDD, 1787-1862

39. BREATHE ON ME, BREATH OF GOD

1. BREATHE on me, Breath of God;
Fill me with life anew,
That I may love what Thou dost
    [love,
And do what Thou wouldst do.

2. Breathe on me, Breath of God,
Until my heart is pure,
Until with Thee I will one will,
To do and to endure.

3. Breathe on me, Breath of God,
Till I am wholly Thine,
Until this earthly part of me

Glows with Thy fire divine.

4. Breathe on me, Breath of God ;
   So shall I never die,
   But live with Thee the perfect life
   Of Thine eternity.

EDWIN HATCH, 1835-89.

40. ALL PEOPLE THAT ON EARTH DO DWELL

1. ALL people that on earth do
   [dwell,
   Sing to the Lord with cheerful
   [voice.
   Him serve with mirth, His praise
   [forth tell;
   Come ye before Him and rejoice.

2. Know that the Lord is God
   [indeed;
   Without our aid He did us make ;
   We are His folk, He doth us feed,
   And for His sheep He doth us
   [take.

3. O enter then His gates with
   [praise,
   Approach with joy His courts
   [unto ;
   Praise, laud, and bless His Name
   [always,
   For it is seemly so to do.

4. For why the Lord our God is
   [good;
   His mercy is for ever sure ;
   His truth at all times firmly stood,
   And shall from age to age endure.

WILLIAM KETHE, c. 1593, as in
Scottish Psalter, 1650

41. THE CHURCH'S ONE FOUNDATION

1. THE Church's one foundation
   Is Jesus Christ her Lord :
   She is His new creation
   By water and the word ;
   From heaven He came and sought
   [her
   To be His holy bride ;
   With His own blood He bought
   [her,
   And for her life He died.

2. Elect from every nation,
   Yet one o'er all the earth,
   Her charter of salvation
   One Lord, one faith, one birth :
   One holy Name she blesses,
   Partakes one holy food,
   And to one hope she presses,
   With every grace endued.

3. Though with a scornful wonder
   Men see her sore oppressed,
   By schisms rent asunder,

By heresies distressed,
Yet saints their watch are keeping,
Their cry goes up, 'How long ?'
And soon the night of weeping
Shall be the morn of song.

4. 'Mid toil and tribulation,
And tumult of her war,
She waits the consummation
Of peace for evermore,
Till with the vision glorious
Her longing eyes are blest,
And the great Church victorious
Shall be the Church at rest.

5. Yet she on earth hath union
With God the Three in One,
And mystic sweet communion
With those whose rest is won.
O happy ones and holy !
Lord, give us grace that we,
Like them, the meek and lowly,
On high may dwell with Thee.

SAMUEL J'OHN STONE, 1839-1900

42. ABIDE WITH ME : FAST FALLS THE EVENTIDE

1. ABIDE with me : fast falls the
[eventide;

The darkness deepens ; Lord, with
[me abide :
When other helpers fail, and
[comforts flee,

Help of the helpless, O abide with
[me.

2. Swift to its close ebbs out life's
[little day
Earth's joys grow dim, its glories
[pass away ;
Change and decay in all around
[I see:
O Thou who changest not, abide
[with me.

3. I need Thy presence every passing
[hour ;
What but Thy grace can foil the
[tempter's power ?
Who like Thyself my guide and
[stay can be ?
Through cloud and sunshine,
O abide with me.

4. I fear no foe, with Thee at hand to
[bless;
Ills have no weight, and tears no
[bitterness:

Where is death's sting where,
[grave, thy victory ?
I triumph still if Thou abide with
[me

5. Hold Thou Thy Cross before my
[closing eyes,
Shine through the gloom, and
[point me to the skies ;

Christ the victor | 159

Heaven's morning breaks,
and earth's vain shadows flee :
In life and death, O Lord,
abide with me.

HENRY FRANCIS LYTE, 1793-1847

43. JUST AS I AM, WITHOUT ONE PLEA

1. JUST as I am, without one plea
   But that Thy blood was shed for
   [me,
   And that Thou bidd'st me come
   [to Thee,
   O Lamb of God, I come.

2. Just as I am, and waiting not
   To rid my soul of one dark blot,
   To Thee, whose blood can cleanse
   [each spot,
   O Lamb of God, I come.

3. Just as I am, though tossed about
   With many a conflict, many a
   [doubt

   Fightings and fears within,
   [without,
   O Lamb of God, I come.

4. Just as I am, poor, wretched,
   [blind,
   Sight, riches healing of the mind,
   Yea, all I need, in Thee to find,

O Lamb of God, I come.

5. Just as I am, Thou wilt receive,
   Wilt welcome, pardon, cleanse,
   [relieve;
   Because Thy promise I believe,
   O Lamb of God, I come.

6. Just as I am Thy love unknown
   Has broken every barrier down
   Now to be Thine, yea, Thine
   [alone,
   O Lamb of God, I come,

7. Just as I am, of that free love
   The breadth, length, depth, and
   height to prove,
   Here for a season, then above,__
   O Lamb of God, I come.

CHARLOTTE ELLIOTT, 1789-1871.

44. ROCK OF AGES

1. ROCK of Ages, cleft for me,
   Let me hide myself in Thee ;
   Let the water and the blood,

   From Thy riven side which flowed,
   Be of sin the double cure,
   Cleanse me from its guilt and
   [power.

2. Not the labours of my hands
   Can fulfil Thy law's demands ;
   Could my zeal no respite know,

Could my tears for ever flow,
All for sin could not atone :
Thou must save, and Thou alone.

3. Nothing in my hand I bring,
   Simply to Thy Cross I cling ;
   Naked, come to Thee for dress ;
   Helpless, look to Thee for grace ;
   Foul, I to the fountain fly ;
   Wash me, saviour, or I die.

4. While I hear the trumpet sound,
   When I meet him in the air,
   When I soar through tracts
                    [unknown,
   See Thee on Thy judgment
                    [throne,
   Rock of Ages, cleft for me,
   Let me hide myself in Thee

AUGUSTUS MONTAGUE TOPLADY, 1740-78

45. JESUS, LOVER OF MY SOUL

1. JESUS, Lover of my soul,
   Let me to Thy bosom fly,
   While the nearer waters roll,

   While the tempest still is high ;
   Hide me, O my Saviour, hide,
   Till the storm of life is past ;
   Safe into the haven guide ;
   O receive my soul at last !

2. Other refuge have I none ;

Hangs my helpless soul on Thee ;
Leave, ah ! leave me not alone ;
Still support and comfort me.
All my trust on Thee is stayed ;
All my help from Thee I bring ;
Cover my defenceless head
With the shadow of Thy wing.

3. Thou, O Christ, art all I want ;
   More than all in Thee I find ;
   Raise the fallen, cheer the faint,
   Heal the sick, and lead the blind.
   Just and holy is Thy Name,
   I am all unrighteousness ;
   False and full of sin I am,
   Thou art full of truth and grace.

4. Plenteous grace with Thee is
                    [found,
   Grace to cover all my sin ;
   Let the healing streams abound ;
   Make and keep me pure within.
   Thou of life the fountain art,
   Freely let me take of Thee ;
   Spring Thou up within my heart,
   Rise to all eternity.

CHARLES WESLEY, 1707-88.

46. HOW SWEET THE NAME OF JESUS SOUNDS

1. HOW sweet the Name of Jesus
                    [sounds
   In a believer's ear !

It soothes his sorrows, heals his
[wounds,
And drives away his fear.

2. It makes the wounded spirit
[whole,
And calms the troubled breast ;
'Tis manna to the hungry soul,
And to the weary rest.

3. Dear Name ! the rock on which I
[build,
My shield and hiding-place,
My never-failing treasury, filled
With boundless stores of grace.

4. Jesus, my Shepherd, Husband,
[Friend,
My Prophet, Priest, and King,
My Lord, my Life, my Way, my
[End,
Accept the praise I bring.

5. Weak is the effort of my heart,
And cold my warmest thought ;
But, when I see Thee as Thou art,
I'll praise Thee as I ought.

6. Till then I would Thy love
[proclaim
With every fleeting breath ;
And may the music of Thy Name
Refresh my soul each day.

JOHN NEWTON, 1725-1807.

47. LIKE A RIVER GLORIOUS

1. LIKE a river glorious
Is God's perfect peace,
Over all victorious
In its bright increase ;
Perfect, yet it floweth
Fuller every day,
Perfect, yet it groweth
Deeper, all the way

Chorus :

Stayed upon Jehovah,
Hearts are fully blest,
Finding, as He promised,
Perfect peace and rest.

2. Hidden in the hollow
Of His blessed hand,
Never foe can follow,
Never traitor stand ;
Not a surge of worry,
Not a shade of care,
Not a blast of hurry,
Touch the spirit there.
Chorus

3. Every joy or trial
Falleth from above,
Traced upon our dial
By the Sun of Love.
We may trust Him fully
All for us to do ;
They who trust Him wholly

Find Him wholly true.

Chorus

FRANCES RIDLEY HAVERGAL, 1836-79.

48. PEACE, PERFECT PEACE, IN THIS DARK WORLD OF SIN

1. PEACE, perfect peace, in this
   [dark world of sin ?
   The blood of Jesus whispers peace
   [within.

2. Peace, perfect peace, by thronging
   [duties pressed ?
   To do the will of Jesus, this is rest.

3. Peace, perfect peace, with sorrows
   [surging round ?
   On Jesus' bosom nought but calm
   [is found.

4. Peace, perfect peace, with loved
   [ones far away ?
   In Jesus' keeping we are safe, and
   [they.

5. Peace, perfect peace, our future all
   [unknown ?
   Jesus we know, and He is on the
   [throne.

6. Peace, perfect peace, death
   shadowing us and ours ?
   Jesus has vanquished death and all
   [its powers.

7. It is enough : earth's struggles soon
   [shall cease,
   And Jesus call us to heaven's
   [perfect peace.

EDWARD HENRY BICKERSTETH, 1825-1906

49. NEARER, MY GOD, TO THEE

1. NEARER, my God, to Thee,
   Nearer to Thee !
   Even though it be a cross
   That raiseth me,
   Still all my song would be,
   'Nearer, my God, to Thee,
   Nearer to Thee !'

2. Though, like the wanderer,
   The sun gone down,
   Darkness be over me,
   My rest a stone,
   Yet in my dreams I'd be
   Nearer, my God, to Thee,
   Nearer to Thee !

3. There let the way appear
   Steps unto heaven,
   All that Thou send'st to me
   In mercy given,
   Angels to beckon me
   Nearer, my God, to Thee,
   Nearer to Thee !

4. Then, with my waking thoughts
   Bright with Thy praise,

Out of my stony griefs
Bethel I'll raise,
So by my woes to be
Nearer, my God, to Thee,
Nearer to Thee !

5. Or if on joyful wing
   Cleaving the sky,
   Sun, moon, and stars forgot,
   Upwards I fly,
   Still all my song shall be,
   'Nearer, my God, to Thee,
   Nearer to Thee !'

SARAH FLOWER ADAMS, 1805-48.

50. BLEST BE THE TIE THAT BINDS

1. BLEST be the tie that binds
   Our hearts in Jesus' love ;
   The fellowship of Christian minds
   Is like to that above.

2. Before our Father's throne
   We pour our ardent prayers ;
   Our fears, our hopes, our aims are
   [one,
   Our comforts, and our cares.

3. When for awhile we part,
   This thought will soothe our pain,
   That we shall still be joined in
   [heart
   And one day meet again.

4. This glorious hope revives
   Our courage by the way ;
   While each in expectation lives,
   And longs to see the day.

5. When from all toil and pain
   And sin we shall be free,
   And perfect love and friendship
   [reign
   Through all eternity.

JOHN FAWCETT, 1740-1817, and others.

51. TAKE MY LIFE, AND LET IT BE

1. TAKE my life, and let it be
   Consecrated, Lord, to Thee.
   Take my moments and my days ;
   Let them flow in ceaseless praise.

2. Take my hands, and let them
   [move
   At the impulse of Thy love.
   Take my feet, and let them be
   Swift and beautiful for Thee.

3. Take my voice, and let me sing
   Always, only, for my King.
   Take my lips, and let them be
   Filled with messages from Thee.

4. Take my silver and my gold ;
   Not a mite would I withhold.
   Take my intellect, and use

Every power as Thou shalt choose.

5. Take my will, and make it Thine ;
It shall be no longer mine.
Take my heart it is Thine own ;
It shall be Thy royal throne.

6. Take my love ; my Lord, I pour
At Thy feet its treasure-store.
Take myself, and I will be
Ever, only, all for Thee.

FRANCES RIDLEY HAVERGAL, 1836-79

52. A SAFE STRONGHOLD OUR GOD IS STILL

1. A SAFE stronghold our God is
[still,
A trusty shield and weapon ;
He'll help us clear from all the ill
That hath us now o'ertaken.
The ancient prince of hell
Hath risen with purpose fell ;
Strong mail of craft and power
He weareth in this hour ;
On earth is not his fellow.

2. With force of arms we nothing
[can
Full soon were we down-ridden ;
But for us fights the proper Man,
Whom God Himself hath bidden.
Ask ye who is this same ?
Christ Jesus is His Name,
The Lord Sabaoth's Son ;

He, and no other one,
Shall conquer in the battle.

3. And were this world all devils
[o'er,
And watching to devour us,
We lay it not to heart so sore ;
Not they can overpower us.
And let the prince of ill
Look grim as e'er he will,
He harms us not a whit ;
For why his doom is writ ;
A word shall quickly slay him.

4. God's word, for all their craft and
[force,
One moment will not linger,
But, spite of hell, shall have its
[course;
'Tis written by His finger.
And, though they take our life,
Goods, honour, children, wife,
Yet is their profit small ;
These things shall vanish all :
The city of God remaineth.

MARTIN LUTHER, 1483-1546 ;
tr by THOMAS CARLYLE, 1795-1881

53. STAND UP ! STAND UP FOR JESUS

1. STAND up ! stand up for Jesus,
Ye soldiers of the Cross !
Lift high His royal banner ;

It must not suffer loss.
From victory to victory
His army He shall lead,
Till every foe is vanquished,
And Christ is Lord indeed.

2. Stand up ! stand up for Jesus !
The trumpet-call obey ;
Forth to the mighty conflict
In this His glorious day
Ye that are men, now serve Him
Against unnumbered foes ;
Your courage rise with danger,
And strength to strength oppose.

3. Stand up ! stand up for Jesus !
Stand in His strength alone ;
The arm of flesh will fail you ;
Ye dare not trust your own.
Put on the gospel armour,
Each piece put on with prayer ;
Where duty calls, or danger,
Be never wanting there.

4. Stand up ! stand up for Jesus !
The strife will not be long ;
This day the noise of battle,
The next the victor's song.
To him that overcometh
A crown of life shall be ;
He with the King of Glory
Shall reign eternally.

GEORGE DUFFIELD, 1818-88.

54. ONWARD ! CHRISTIAN SOLDIERS

1. ONWARD ! Christian soldiers,
Marching as to war,
With the Cross of Jesus
Going on before.
Christ, the Royal Master,
Leads against the foe ;
Forward into battle,
See ! His banners go.

Chorus:

Onward! Christian soldiers,
Marching as to war,
With the Cross of Jesus
Going on before.

2. At the sign of triumph
Satan's legions flee ;
On then, Christian solders,
On to victory !
Hell's foundations quiver
At the shout of praise ;
Brothers, lift your voices,
Loud your anthems raise.
Chorus

3. Like a mighty army
Moves the Church of God ;
Brothers, we are treading
Where the saints have trod.
We are not divided,
All one body we,

One in hope, in doctrine,
One in charity.
Chorus

4. Crowns and thrones may perish,
Kingdoms rise and wane,
But the Church of Jesus
Constant will remain ;
Gates of hell can never
'Gainst that Church prevail ;
We have Christ's own promise,
And that cannot fail.
Chorus

5. Onward, then, ye people !
Join our happy throng ;
Blend with ours your voices
In the triumph song ;
'Glory, laud, and honour
Unto Christ the King !'
This, through countless ages,
Men and angels sing.
Chorus

SABINE BARING-GOULD,
1834-1924.

55. JERUSALEM, MY HAPPY HOME

1. JERUSALEM, my happy home,
When shall I come to thee ?
When shall my sorrows have an
[end ?
Thy joys when shall I see ?

2. O happy harbour of the saints !
O sweet and pleasant soil !
In thee no sorrow may be found,
No grief, no care, no toil.

3. Thy walls are made of precious
[stones,
Thy bulwarks diamonds square ;
Thy gates are of right orient pearl,
Exceeding rich and rare ;

4. Thy gardens and thy gallant
[walks
Continually are green ;
There grow such sweet and
pleasant flowers
As nowhere else are seen.

5. Quite through the streets, with
[silver sound,
The flood of life doth flow,
Upon whose banks on every side
The wood of life doth grow.

6. Our sweet is mixed with bitter
[gall,
Our pleasure is but pain,
Our joys scarce last the looking
[on,
Our sorrows still remain.

7. But there they live in such
[delight,
Such pleasure and such play,
As that to them a thousand years

Doth seem as yesterday.

8. Jerusalem, my happy home,
   Would God I were in thee !
   Would God my woes were at an
   [end,
   Thy joys that I might see !

   F.B.P. ; probably 16th century.

56. JESUS LOVES ME ! THIS I KNOW

1. JESUS loves me ! this I know,
   For the Bible tells me so ;
   Little ones to Him belong ;
   They are weak, but He is strong.

Chorus
   Yes ! Jesus loves me !
   The Bible tells me so.

2. Jesus loves me ! He who died
   Heaven's gate to open wide ;
   He will wash away my sin,
   Let His little child come in.
   Chorus

3. Jesus loves me ! He will stay
   Close beside me all the way ;
   Then His little child will take
   Up to heaven, for His dear sake.
   Chorus

   ANNA BARTLETT WARNER, 1820-1915

57. TELL ME THE OLD, OLD STORY

1. TELL me the old, old story
   Of unseen things above,
   Of Jesus and His glory,
   Of Jesus and His love.

2. Tell me the story simply,
   As to a little child ;
   For I am weak and weary,
   And helpless, and defiled.

3. Tell me the story slowly,
   That I may take it in,
   That wonderful redemption,
   God's remedy for sin.

4. Tell me the story often,
   For I forget so soon ;
   The early dew of morning
   Has passed away at noon.

5. Tell me the story softly,
   With earnest tones and grave ;
   Remember, I'm the sinner
   Whom Jesus came to save.

6. Tell me the story always,
   If you would really be,
   In any time of trouble,
   A comforter to me.

7. Tell me the same old story
   When you have cause to fear
   That this world's empty glory

Is costing me too dear.

8. Yes, and, when that world's glory
Shall dawn upon my soul,
Tell me the old, old story,
'Christ Jesus makes thee whole.'

ARABELLA CHATHERINE HANKEY
1834-1911.

58. LORD, I HEAR OF SHOWERS OF BLESSING

1. LORD, I hear of showers of
[blessing
Thou art scattering, full an free,
Showers, the thirsty land
[refreshing
Let some drops descend on me,
[Even me.

2. Pass me not. O gracious Father,
Sinful though my heart may be !
Thou might'st leave me, but the
[rather
Let Thy mercy light on me,Even
[me.

3. Pass me not, O tender Saviour !
Let me love and cling to Thee ;
I am longing for Thy favour ;
When Thou comest, call for me,
[Even me.

4. Pass me not, O mighty Spirit !
Thou canst make the blind to see ;
Witnesser of Jesus' merit,

Speak the word of power to me,
[Even me.

5. Have I long in sin been sleeping,
Long been slighting, grieving Thee
Has the world my heart been
[keeping ?
O forgive and rescue me,
[Even me.

6. Love of God, so pure and
[changeless
Blood of Christ, so rich and free,
Grace of God, so strong and
[boundless,
Magnify them all in me, Even
[me.

ELIZABETH CODNER, 1824-1919.

59. I NEED THEE EVERY HOUR

1. I NEED Thee every hour,
Most gracious Lord ;
No tender voice but Thine
Can peace afford.

Chorus :
I need Thee, O I need Thee ;
Every hour I need Thee ;
O bless me now, my Saviour ;
I come to Thee.
Chorus

2. I need Thee every hour ;
Stay Thou near by ;

Christ the victor | 169

Temptations lose their power
When Thou art nigh.
Chorus

3. I need Thee every hour,
   In joy or pain ;
   Come quickly and abide,
   Or life is vain.
   Chorus

4. I need Thee every hour ;
   Teach me Thy will ;
   And Thy rich promises
   In me fulfil.
   Chorus

ANNIE SHERWOOD HAWKS, 1835-1918.
Refrain added

60. THROUGH THE LOVE OF GOD OUR SAVIOUR

1. THROUGH the love of God our
                        [Saviour
   All will be well.
   Free and changeless is His favour;
   All, all is well,
   Precious is the blood that healed
                        [us,
   Perfect is the grace that sealed us,
   Strong the hand stretched forth to
                        [shield us ;
   All must be well.

2. Though we pass through
                [tribulation,

All will be well.
Ours is such a full salvation,
All, all is well.
Happy, still in God confiding,
Fruitful, if in Christ abiding,
Holy, through the Spirit's guiding;
All must be well.

3. We expect a bright to-morrow ;
   All will be well.
   Faith can sing through days of
                        [sorrow,
   'All, all is well.'
   On our Father's love relying,
   Jesus every need supplying,
   Or in living or in dying,
   All must be well.

MARY PETERS, 1813-56

61. I'VE FOUND A FRIEND ; O SUCH A FRIEND

1. I'VE found a Friend ; O such a
                        [Friend!
   He loved me ere I knew Him ;
   He drew me with the cords of
                        [love,
   And thus He bound me to Him ;
   And round my heart still closely
                        [twine
   Those ties which nought can sever
   For I am His, and He is mine,
   For ever and for ever.

2. I've found a Friend ; O such a
                    [Friend!
He bled, He died to save me ;
And not alone the gift of life,
But His own self He gave me.
Nought that I have mine own I'll
                    [call
I'll hold it for the Giver ;
My heart, my strength, my life, my
                    [all,
Are His, and His for ever.

3. I've found a Friend ; O such a
                    [Friend!
All power to Him is given,
To guard me on my onward course
And bring me safe to heaven.
The eternal glories gleam afar,
To nerve my faint endeavour ;
So now to watch, to work, to war,
And then to rest for ever.

4. I've found a Friend ; O such a
                    [Friend,
So kind, and true, and tender !
So wise a Counsellor and Guide,
So mighty a Defender !

From Him who loves me now so
                    [well
What power my soul shall sever ?
Shall life or death, shall earth or
                    [hell ?

No ! I am His for ever.

JAMES GRINDLAY SMALL, 1817-88.

62. A MIGHTY FORTRESS IS OUR GOD

1. A MIGHTY fortress is our God,
    A bulwark never failing ;
    Our Helper He, amid the flood
    Of mortal ills prevailing.
    For still our ancient foe
    Doth seek to work his woe ;
    His craft and power are great,
    And armed with cruel hate
    On earth is not his equal.

2. Did we in our own strength
                    [confide
    Our striving would be losing,
    Were not the right Man on our
                    [side
    The Man of God's own choosing.
    Dost ask who that may be ?
    Christ Jesus, it is He !
    Lord Sabaoth is His name,
    From age to age the same :
    And He must win the battle.

3. And though this world, with
                    [devils filled,
    Should threaten to undo us :
    We will not fear ; for God hath
                    [willed
    His truth to triumph through us.

Let goods and kindred go,
This mortal life also ;
The body they may kill :
God's truth abideth still,
His kingdom is for ever.

63. OH, WORSHIP THE KING

1. OH, worship the King,
All glorious above !
Oh, gratefully sing
His power and His love ;
Our Shield and Defender,
The Ancient of Days,
Pavilioned in splendour,
And girded with praise.

2. Oh, tell of His might,
Oh, sing of His grace !
Whose robe is the light,
Whose canopy space ;
His chariots of wrath
The deep thunder-clouds form,
And dark is His path
On the wings of the storm.

3. The earth with its store
Of wonders untold,
Almighty ! Thy power
Hath founded of old :
Hath 'stablished it fast
By a changeless decree ;
And round it hath cast,
Like a mantle, the sea.

4. Thy bountiful care,
What tongue can recite ?
It breathes in the air,
It shines in the light ;
It streams from the hills,
It descends to the plain,
And sweetly distils in
The dew and the rain.

5. Frail children of dust,
And feeble as frail
In Thee do we trust,
Nor find Thee to fail :
Thy mercies how tender,
How firm to the end !
Our Maker, Defender,
Redeemer, and Friend !

6. O measureless Might !
Ineffable Love !
While angels delight
To hymn Thee above,
The humbler creation,
Though feeble their lays,
With true adoration
Shall sing to Thy praise.

64. TO GOD BE THE GLORY ! GREAT THINGS HE HATH DONE

1. TO GOD be the glory ! great
[things
He hath done :

So loved He the world that He
[gave us His Son ;
Who yielded His life an atone
[ment for sin,
And opened the Life-gate that all
[may go in.

Chorus :

Praise the Lord ! Praise the Lord !
Let the earth hear His voice !
Praise the Lord ! Praise the Lord !
Let the people rejoice !
Oh, come to the Father, through
[Jesus the Son ;
And give Him the glory great things
[He hath done !

2. O perfect redemption, the
[purchase of blood,
To every believer the promise of
[God;
The vilest offender who truly
[believes,
That moment from Jesus a pardon
[receives.

Chorus

3. Great things He hath taught us,
great things He hath done,
And great our rejoicing through
[Jesus the Son ;
But purer, and higher, and greater
[will be

Our wonder, our transport, when
[Jesus we see.

Chorus

65. WHILE SHEPHERDS WATCHED THEIR FLOCKS BY NIGHT

1. WHILE shepherds watched their
[flocks by night,
All seated on the ground ;
The angel of the Lord came down,
And glory shone around.

2. "Fear not !" said he for mighty
[dread
Had seized their troubled mind,
"Glad tidings of great joy I bring
To you and all mankind.

3. "To you, in David's town, this day,
Is born of David's line
The Saviour, who is Christ the
[Lord ;
And this shall be the sign :

4. "The heavenly Babe you there
[shall find
To human view displayed,
All meanly wrapped in swathing
[bands,
And in a manger laid."

5. Thus spake the seraph and
[forthwith

Appeared a shining throng
Of angels, praising God, who thus
Addressed their joyful song :

6. All glory be to God on high !
And to the earth be peace !
Goodwill henceforth from heaven
[to men
Begin, and never cease !"

66. THOU DIDST LEAVE THY THRONE

1. THOU didst leave Thy throne
and Thy kingly crown,
When Thou camest to earth
[for me
But in Bethlehem's home was
[there found no room
For Thy holy Nativity :

Chorus :

Oh, come to my heart, Lord Jesus!
There is room in my heart for Thee;
Oh, come to my heart, Lord Jesus,
[come !
There is room in my heart for Thee.

2. Heaven's arches rang when the
[angels sang,
Proclaiming Thy royal degree ;
But of lowly birth cam'st Thou,
[Lord, on earth,

And in great humility :
Chorus

3. The foxes found rest, and the
[birds had their nest
In the shade of the forest tree ;
But Thy couch was the sod,
O Thou Son of God,
In the deserts of Galilee :
Chorus

4. Thou camest, O Lord, with the
[living Word
That should set Thy people free ;
But with mocking scorn, and with
[crown of thorn,
They bore Thee to Calvary :

Chorus :

Oh, come to my heart, Lord Jesus!
Thy cross is my only plea ;
Oh, come to my heart, Lord Jesus,
[come !
Thy cross is my only plea.

5. When heaven's arches shall ring,
and her choirs shall sing
At Thy coming to victory ;

Let Thy voice call me home,
[saying,
"Yet there is room,
There is room at My side for
[thee !"

And my heart shall rejoice, Lord Jesus!
When Thou comest and callest for
[*me;*
And my heart shall rejoice, Lord
[*Jesus!*
When Thou comest and callest for
[*, me.*

67. I AM SO GLAD THAT OUR FATHER IN HEAVEN

1. I AM so glad that our Father in
[heaven
Tells of His love in the Book He
[has given :
Wonderful things in the Bible
[I see;
This is the dearest, that Jesus
[loves me.

Chorus:

I am so glad that Jesus loves me,
Jesus loves me, Jesus loves me,
I am so glad that Jesus loves me,
Jesus loves even me.

2. Though I forget Him, and wander
[away,
Still He doth love me wherever I
[stray;

Back to His dear loving arms do I
[flee.
When I remember that Jesus
[loves me.
Chorus

3. Oh, if there's only one song I can
[sing,
When in His beauty I see the great
[King,
This shall my song in eternity be,
"Oh, what a wonder that Jesus
loves me!"
Chorus

4. Jesus loves me, and I know I love
[Him:
Love brought Him down my poor
[soul to redeem ;
Yes, it was love made Him die on
[the tree:
Oh, I am certain that Jesus loves
[me!
Chorus

5. If one should ask of me, how can
[I tell ?
Glory to Jesus, I know very well !
God's Holy Spirit with mine doth
[agree,
Constantly witnessing Jesus loves
me.
Chorus

6. In this assurance I find sweetest
[rest,
Trusting in Jesus, I know I am
[blest
Satan, dismayed, from my soul
[now doth flee,
When I just tell him that Jesus
[loves me.
Chorus

68. SAFE IN THE ARMS OF JESUS

1. SAFE in the arms of Jesus,
Safe on His gentle breast,
There by His love o'ershaded,
Sweetly my soul shall rest.
Hark ! 'tis the voice of angels
Borne in a song to me,
Over the fields of glory,
Over the jasper sea.

Chorus :

Safe in the arms of Jesus,
Safe on His gentle breast,
There by His love o'ershaded.
Sweetly my soul shall rest.

2. Safe in the arms of Jesus,
Safe from corroding care,
Safe from the world's
temptations,
Sin cannot harm me there.
Free from the blight of sorrow,

Free from my doubts and fears ;
Only a few more trials,
Only a few more tears.
Chorus

3. Jesus, my heart's dear refuge,
Jesus has died for me ;
Firm on the Rock of Ages
Ever my trust shall be.
Here let me wait with patience,
Wait till the night is o'er ;
Wait till I see the morning
Break on the golden shore.
Chorus

69. JESUS, THE VERY THOUGHT OF THEE

1. JESUS, the very thought of Thee
With sweetness fills my breast ;
But sweeter far Thy face to see,
And in Thy presence rest.

2. Nor voice can sing, nor heart
[can frame,
Nor can the memory find
A sweeter sound than Thy blest
[name,
O Saviour of mankind !

3. Oh, hope of every contrite heart !
Oh, joy of all the meek !
To those who fall, how kind Thou
[art !
How good to those who seek !

4. And those who find Thee, find a
　　　　　　[bliss
Nor tongue nor pen can show ;
The love of Jesus, what it is
None but His loved ones know.

5. Jesus ! our only joy be Thou,
As Thou our prize wilt be ;
Jesus ! be Thou our glory now,
And through eternity.

70. WHO IS HE IN YONDER STALL

1. WHO is He in yonder stall,
At whose feet the shepherds fall ?

Chorus:

> *Tis the Lord ! O wondrous story !*
> *'Tis the Lord, the King of Glory !*
> *At His feet we humbly fall*
> *Crown Him, crown Him*
> *Lord of all !*

2. Who is He in deep distress,
Fasting in the wilderness ?
Chorus

3. Who is He the people bless
For His words of gentleness ?
Chorus

4. Who is He to whom they bring
All the sick and sorrowing ?
Chorus

5. Who is He who stands and weeps
At the grave where Lazarus sleeps?
Chorus

6. Who is He the gathering throng
Greet with loud triumphant
　　　　　　[song ?
Chorus

7. Lo, at midnight, who is He
Prays in dark Gethsemane ?
Chorus

8. Who is He on yonder tree
Dies in grief and agony ?
Chorus

9. Who is He who from the grave
Comes to succour, help, and
　　　　　　[save ?
Chorus

10. Who is He who from His throne
Rules through all the worlds
　　　　　　[alone ?
Chorus

71. THE GREAT PHYSICIAN NOW IS NEAR

1. THE Great Physician now is near
The sympathising Jesus ;
He speaks the drooping heart to
　　　　　　[cheer,
Oh, hear the voice of Jesus !

Chorus:

Sweetest note in seraph song,
Sweetest name on mortal tongue,
Sweetest carol ever sung:
Jesus! blessed Jesus!

2. Your many sins are all forgiven ;
   Oh, hear the voice of Jesus !
   Go on your way in peace to
         [heaven,
   And wear a crown with Jesus.
   Chorus

3. All glory to the risen Lamb !
   I now believe in Jesus ;
   I love the blessed Saviour's name,
   I love the name of Jesus.
   Chorus

4. His name dispels my guilt and fear
   No other name but Jesus ;
   Oh, how my soul delights to hear
   The precious name of Jesus.
   Chorus

5. Come, brethren, help me sing His
         [praise,
   Oh, praise the name of Jesus !
   Come, sisters, all your voices raise
   Oh, bless the name of Jesus !
   Chorus

6. The children, too, both great and
         [small,
   Who love the name of Jesus,

May now accept the gracious call
To work and live for Jesus.
Chorus

7. And when to the bright world
         [above
   We rise to see our Jesus,
   We'll sing around the throne of
         [love
   His name, the name of Jesus.
   Chorus

72. TAKE THE NAME OF JESUS WITH YOU

1. TAKE the name of Jesus with you
   Child of sorrow and of woe ;
   It will joy and comfort give you
   Take it then where'er you go.

Chorus:

Precious name,.. oh, how sweet !..
Hope of earth and joy of heaven !
Precious name,.. oh, how sweet !..
Hope of earth and joy of heaven.

2. Take the name of Jesus ever,
   As a shield from every snare ;
   If temptations round you gather,
   Breathe that holy name in prayer.
   Chorus

3. Oh, the precious name of Jesus !
   How it thrills our souls with joy,
   When His loving arms receive us,

And His songs our tongues
[employ.
Chorus

4. At the name of Jesus bowing,
Falling prostrate at His feet,
King of kings in heaven we'll
[crown Him
When our journey is complete.
Chorus

73. «MAN OF SORROWS», WHAT A NAME`

1. "MAN of Sorrows," what a name
For the Son of God, who came
Ruined sinners to reclaim !
Hallelujah ! what a Saviour !

2. Bearing shame and scoffing
[rude,
In my place condemned He stood;
Sealed my pardon with His
[blood :
Hallelujah ! what a Saviour !

3. Guilty, vile, and helpless, we ;
Spotless Lamb of God was He :
"Full atonement !" ~can it be ?
Hallelujah ! what a Saviour !

4. "Lifted up" was He to die,
"It is finished !" was His cry ;
Now in heaven exalted high :
Hallelujah ! what a Saviour !

5. When He comes, our glorious
King,
All His ransomed home to bring,
Then anew this song we'll sing :
Hallelujah ! what a Saviour !

74. JOY TO THE WORLD ; THE LORD IS COME!

1. JOY to the world ; the Lord is
[come!
Let earth receive her King ;
Let every heart prepare Him room
And heaven and nature sing.

2. Joy to the world ; the Saviour
[reigns!
Let men their songs employ ;
While fields and floods, rocks,
[hills, and plains,
Repeat the sounding joy.

3. He rules the world with truth and
[grace;
And makes the nations prove
The glories of His righteousness,
And wonders of His love.

75. BLESSED BE THE FOUNTAIN OF BLOOD

1. BLESSED be the Fountain of
blood,
To a world of sinners revealed ;
Blessed be the dear Son of God :

Only by His stripes we are healed,
Tho' I've wandered far from His
[fold,
Bringing to my heart pain and
[woe,
Wash me in the Blood of the
[Lamb
And I shall be whiter than snow !

Chorus:

Whiter than the snow,...
Whiter than the snow,...
Wash me in the Blood of the Lamb,.
And I shall be whiter than snow!

2. Thorny was the crown that He
[wore,
And the cross His body overcame ;
Grievous were the sorrows He
[bore,
But He suffered not thus in vain.
May I to that Fountain be led,
Made to cleanse my sins here
[below !
Wash me in the Blood that He
[shed,
And I shall be whiter than snow !
Chorus

3. Father, I have wandered from
[Thee
Often has my heart gone astray ;
Crimson do my sins seem to me

Water cannot wash them away.
Jesus, to that Fountain of Thine,
Leaning on Thy promise I go ;
Cleanse me by Thy washing divine
And I shall be whiter than snow !
Chorus

76. LOOK, YE SAINTS

1. LOOK, ye saints, the sight is
[glorious:
See the "Man of Sorrows" now
From the fight return victorious :
Every knee to Him shall bow !

Chorus:

Crown Him ! crown Him !
Angels, crown Him !
Crown the Saviour "King of kings !

2. Crown the Saviour ! angels, crown
[Him !
Rich the trophies Jesus brings :
In the seat of power enthrone
[Him,
While the vault of heaven rings.
Chorus

3. Sinners in derision crowned Him,
Mocking thus the Saviour's claim ;
Saints and angels crowd around
[Him,
Own His title, praise His name.
Chorus

4. Hark the bursts of acclamation !
   Hark those loud triumphant
   [chords!
   Jesus takes the highest station ;
   Oh, what joy the sight affords !
   Chorus

77. THERE IS A FOUNTAIN FILLED WITH BLOOD

1. THERE is a fountain filled with
   [blood,
   Drawn from Immanuel's veins,
   And sinners plunged beneath that
   [flood
   Lose all their guilty stains.

2. The dying thief rejoiced to see
   That fountain in his day ;
   And there may I, though vile as
   [he,
   Wash all my sins away.

3. Ever since by faith I saw the
   [stream
   Thy flowing wounds supply,
   Redeeming love has been my
   [theme,
   And shall be till I rise.

4. Then in a nobler, sweeter song
   I'll sing Thy power to save,
   When this poor lisping,
   stammering tongue
   Will praise the Son You gave

78. RIDE ON ! RIDE ON IN MAJESTY !

1. RIDE on ! ride on in majesty !
   Hark ! all the tribes hosanna cry !
   O Saviour meek, pursue Thy road
   With palms and scattered
   [garments strewed.

Chorus :
   Ride on !.. ride on..in majesty !..
   In lowly pomp .. ride on .. to die !..

2. Ride on ! ride on in majesty !
   The angel armies of the sky
   Look down with sad and
   [wondering eyes.
   To see th'approaching Sacrifice.
   Chorus

3. Ride on ! ride on in majesty !
   The last and fiercest strife is nigh ;
   The Father on His sapphire
   [throne
   Awaits His own anointed Son.
   Chorus

4. Ride on ! ride on in majesty !
   In lowly pomp ride on to die ;
   Bow Thy meek head to mortal
   [pain
   Then take, O God, Thy power,
   [and reign.
   Chorus

79. WOULD YOU BE FREE FROM YOUR BURDEN OF SIN ?

1. WOULD you be free from your
[burden of sin ?
There's power in the blood, power
[in the blood ;
Would you o'er evil a victory win ?
There's wonderful power in the
[blood.

Chorus :

There is power, power, wonder-
[*working power*
In the blood ... of the Lamb ;...
There is power, power, wonder-
[*working power*
In the precious blood of the Lamb.

2. Would you be free from your
[passion and pride ?
There's power in the blood,
power in the blood ;
Come for a cleansing to Calvary's
[tide,
There's wonderful power in the
[blood.

Chorus

3. Would you be whiter, much
[whiter than snow ?
There's power in the blood, power
[in the blood ;
Sin-stains are lost in its life-giving
[flow,

There's wonderful power in the
[blood.

Chorus

4. Would you do service for Jesus
[your King ?
There's power in the blood, power
[in the blood ;
Would you live daily His praises to
[sing ?
There's wonderful power in the
[blood.

Chorus

80. LOW IN THE GRAVE HE LAY

1. LOW in the grave He lay
Jesus, my Saviour !
Waiting the coming day
Jesus, my Lord !

Chorus :

Up from the grave He arose,...
With a mighty triumph over His
[*foes;*
He arose a Victor from the dark
[*domain,*
And He lives for ever with His
[*saints to reign :*
He arose ! He arose !
Hallelujah ! Christ arose !

2. Vainly they watch His bed
Jesus, my Saviour !

Vainly they seal the dead
Jesus, my Lord !
Chorus

3. Death cannot keep his prey
Jesus, my Saviour !
He tore the bars away
Jesus, my Lord !
Chorus

81. CHRIST HATH RISEN ! HALLELUJAH !

1. CHRIST hath risen ! Hallelujah !
Blessed morn of life and light !
Lo, the grave is rent asunder,
Death is conquered through His
[might.
Chorus:
Christ is risen ! Hallelujah !
Gladness fills the world to-day ;
From the tomb that could not
[*hold Him,*
See, the stone is rolled away!

2. Christ hath risen ! Hallelujah !
Friends of Jesus, dry your tears ;
Through the vail of gloom and
[darkness.
Lo, the Son of God appears !
Chorus

3. Christ hath risen ! Hallelujah !
He hath risen, as He said ;

He is now the King of glory,
And our great exalted Head.
Chorus

82. OH, SPREAD THE TIDINGS ROUND

1. OH, spread the tidings round,
Wherever man is found,
Wherever human hearts and
human woes abound ;
Let every Christian tongue
proclaim the Joyful sound :
The Comforter has come !
Chorus:
The Comforter has come,
the Comforter has come !
The Holy Ghost from heaven,
the Father's promise given ;
Oh, spread the tidings round,
wherever man is found :
The Comforter has come !

2. The long, long, night is past,
The morning breaks at last ;
And hushed the dreadful wail
And fury of the blast,
As over the golden hills
The day advances fast :
The Comforter has come !
Chorus

3. The mighty King of kings,

With healing in His wings,
To every captive soul
A full deliverance brings ;
And through the vacant cells
The song of triumph rings :
The Comforter has come !
Chorus

4. Oh, boundless love divine !
How shall this tongue of mine
To wondering mortals tell
The matchless grace divine
That I may with Him dwell,
And in His image shine !
The Comforter has come !
Chorus

5. Oh, let the echoes fly
Above the vaulted sky,
And all the saints above
To all below reply
In strains of endless love,
The song that ne'er will die :
The Comforter has come !
Chorus

83. PRAISE HIM !

1. PRAISE Him ! Praise Him !
Jesus, our blessed Redeemer !
Sing, O earth His wonderful love
[proclaim !
Hail Him ! hail Him ! highest
[archangels in glory ;

Strength and honour give to His
[holy name !
Like a shepherd, Jesus will guard
[His children,
In His arms He carries them all
[day long;
Praise Him ! praise Him ! tell of
[His excellent greatness ;
Praise Him ! Praise Him ever in
[Joyfulsong !

2. Praise Him ! praise Him ! Jesus,
[our blessed Redeemer !
For our sins He suffered, and bled
[and died ;
Heour Rock, our hope of eternal
[salvation,
Hail Him ! Hail Him ! Jesus, the
[crucified !
Sound His praises-Jesus who bore
[our sorrows,
Love unbounded, wonderful,
[deep, and strong ;

3. Praise Him ! praise Him ! Jesus,
[our blessed Redeemer !
Heavenly portals, loud with
[hosannas ring!
Jesus, Saviour, reigneth for ever
[and ever:
Crown Him ! Crown Him !
Prophet, and Priest, and King !
Christ is coming, over the world
[victorious,

Power and glory unto the Lord
[belong;

Let Him hear the loud hosanna,
Rising to His throne on high.

84. GLORIOUS THINGS OF THEE ARE SPOKEN

1. GLORIOUS things of thee are
[spoken,
Zion, city of our God !
He, whose word cannot be broken
Formed thee for His own abode.
On the Rock of Ages founded,
What can shake thy sure repose ?
Whith salvation's walls surrounded
Thou may'st smile at all thy foes.

2. See, the streams of living waters,
Springing from eternal love,

Well supply thy sons and
[daughters,
And all fear of want remove :
Who can faint, while such a river
Ever flows their thirst t'assuage ?
Grace, which, like the Lord, the
[Giver,
Never fails from age to age.

3. Round each habitation hovering,
See the cloud and fire appear !
For a glory and a covering,
Showing that the Lord is near ;
He who gives them daily manna,
He who listens when they cry

85. HARK, HARK ! MY SOUL !

1. HARK, hark ! my soul ! angelic
[songs are swelling
Over earth's green fields and
ocean's wave-beat shore ;
How sweet the truth those blessed
[strains are telling
Of that new life when sin shall be
[no more.

Chorus :
Angels, sing on ! your faithful
[*watches keeping ;*
Sing us sweet fragments of the
[*songs above ;*
Till morning's Joy shall end the
[*night of weeping,*
And life's long shadows break in
[*cloudless love.*

2. Far, far away, like bells at evening
[pealing,
The voice of Jesus sounds over
land
[and sea,
And laden souls, by thousands
[meekly stealing,
Kind Shepherd, turn their weary
[steps to Thee.
Chorus

Christ the victor | 185

3. Onward we go, for still we hear
[them singing,
"Come, weary' souls ! for Jesus
[bids you come" ;
And through the dark, its echoes
[sweetly ringing,
The music of the Gospel leads us
[home.

Chorus:

86. MY FAITH LOOKS UP TO THEE

1. MY faith looks up to Thee,
   Thou Lamb of Calvary,
   Saviour divine ;
   Now hear me while I pray ;
   Take all my guilt away ;
   Oh, let me from this day
   Be wholly Thine.

2. May Thy rich grace impart
   Strength to my fainting heart,
   My zeal inspire :
   As Thou hast died for me,
   Oh, may my love to Thee
   Pure, warm, and changeless be
   A living fire.

3. While life's dark maze I tread,
   And griefs around me spread,
   Be Thou my Guide :
   Bid darkness turn to day,
   Wipe sorrow's tears away ;

Nor let me ever stray
From Thee aside.

4. When ends life's transient dream
   When death's cold, sullen stream
   Shall o'er me roll
   Blest Saviour, then in love,
   Fear and distrust remove ;
   Oh, bear me safe above
   A ransomed soul.

87. NOW THE DAY IS OVER

1. NOW the day is over,
   Night is drawing nigh,
   Shadows of the evening
   Steal across the sky.

2. Jesus, give the weary
   Calm and sweet repose ;
   With Thy tenderest blessing
   May our eyelids close.

3. Through the long night-watches
   May Thine angels spread
   Their white wings above us,
   Watching round each bed.

4. When the morning wakens,
   Then may I arise
   Pure, and fresh, and sinless
   In Thy holy eyes.

5. Glory to the Father,
   Glory to the Son,
   And to Thee, blest Spirit,

Whilst all ages run.

88. GOD BE WITH YOU TILL WE MEET AGAIN !

1. GOD be with you till we meet
[again !
By His counsels guide, uphold
[you,
With His sheep securely fold you ;
God be with you till we meet
[again !

Chorus:

Till we meet ! Till we meet !
Till we meet at Jesus' feet ;
Till we meet ! Till we meet !
God be with you till we meet
[*again !*

2. God be with you till we meet
[again !
'Neath His wings securely hide you
Daily manna still provide you ;
God be with you till we meet
[again!

Chorus

3 God be with you till we meet
[again !
When life's perils thick confound
[you,
Put His loving arms around you ;
God be with you till we meet
[again !

Chorus

4. God be with you till we meet
[again !
Keep love's banner floating over
[you,
Smite death's threatening wave
[before you;
God be with you till we meet
[again !

Chorus

89. SUN OF MY SOUL

1. SUN of my soul, Thou Saviour
[dear,
It is not night if Thou be near ;
Oh, may no earth-born cloud
[arise,
To hide Thee from Thy servant's
[eyes !

2. When the soft dews of kindly
[sleep
My wearied eyelids gently steep,
Be my last thought
How sweet to rest
For ever on my Saviour's breast !

3. Abide with me from morn till eve,
For without Thee I cannot live ;
Abide with me when night is nigh,
For without Thee I dare not die.

4. If some poor wandering child of
[Thine

Have spurned to-day the voice
[Divine,
Now, Lord, the gracious work
[begin,
Let him no more lie down in sin.

5. Come near and bless us when we
[wake,
Here through the world our way
[we take;
Till, in the ocean of Thy love,
We lose ourselves in heaven
[above.

90. SWEET HOUR OF PRAYER

1. SWEET hour of prayer ! sweet
[hour of prayer !
That calls me from a world of
[care,
And bids me at my Father's throne
Make all my wants and wishes
[known.
In seasons of distress and grief,
My soul has often found relief,
And oft escaped the tempter's
[snare,
By thy return, sweet hour of
[.prayer!

2. Sweet hour of prayer ! sweet hour
[of prayer !
Thy wings shall my petition bear

To Him whose truth and
[faithfulness
Engage the waiting soul to bless ;
And since He bids me seek His
[face,
Believe His word, and trust His
[grace,
I'll cast on Him my every care,
And wait for thee, sweet hour of
prayer !

3. Sweet hour of prayer ! sweet hour
[of prayer !
May I thy consolation share,
Till, from Mount Pisgah's lofty
[height,
I view my home and take my
[flight.
This robe of flesh I'll drop, and
[rise
To seize the everlasting prize ;
And shout, while passing through
[the air,
"Farewell, farewell, sweet hour of
[prayer!"

91.COME, MY SOUL, THY SUIT PREPARE

1. COME, my soul, thy suit prepare;
Jesus loves to answer prayer :
He Himself has bid thee pray,
Therefore will not say thee nay.

2. Thou art coming to a King ;
   Large petitions with thee bring ;
   For His grace and power are such,
   None can ever ask too much.

3. With my burden I begin
   Lord, remove this load of sin ;
   Let thy blood, for sinners spilt,
   Set my conscience free from guilt.

4. Lord, I come to Thee for rest
   Take possession of my breast,
   There Thy blood-bought right
                     [maintain,
   And without a rival reign.

5. While I am a pilgrim here
   Let Thy love my spirit cheer ;
   As my Guide, my Guard, my
                     [Friend
   Lead me to my Journey's end.

6. Show me what I have to do,
   Every hour my strength renew ;
   Let me live a life of faith,
   Let me die Thy people's death.

92. O WANDERER FROM THY FATHER'S HOUSE

1. O WANDERER from thy Father's
                     [house,
   Why wilt thou longer roam ?
   Return ! oh, hear the gentle voice
   That bids thee now come home.

Chorus :

   "The Spirit and the bride say,
                     [*Come!..*
   And let him that heareth say,
                     [*Come!*
   And let him that is athirst come,
   And whosoever will, let him take
                     [*the water of life freely."*

2. To Jesus comeoh, trust His word
   And on His name believe ;
   Forsake thy sins, and thro' His
                     [blood
   Eternal life receive.
   Chorus

3. The gracious Saviour calls thee
                     [now
   To feast upon His love ;
   And of the living water drink,
   And all His mercy prove.
   Chorus

4. The Church, His bride, invites
                     [thee now,
   To own her risen Lord ;
   For, "Whosoever will may come."
   Is God's eternal word.
   Chorus

93. HARK, MY SOUL ! IT IS THE LORD

1. HARK, my soul ! it is the Lord ;

'Tis thy Saviour, hear His word ;
Jesus speaks, and speaks to thee_
"Say, poor sinner, lov'st thou Me ?"

2. "I delivered thee when bound,
    And, when bleeding, healed thy
                            [wound;
    Sought thee wandering, set thee
                            [right;
    Turned thy darkness into light.

3. "Can a woman's tender care
    Cease towards the child she bare?
    Yes ! she may forgetful be ;
    Yet will I remember thee.

4 "Mine is an unchanging love,
    Higher than the heights above ;
    Deeper than the depths beneath,
    Free and faithful, strong as death.

5 "Thou shalt see My glory soon,
    When the work of grace is done ;
    Partner of My throne shalt be ;
    Say, poor sinner, lov'st thou Me ?"

6. Lord, it is my chief complaint
    That my love is weak and faint ;
    Yet, I love Thee and adore ;
    Oh, for grace to love Thee more !

94. COME UNTO ME

1. "COME unto Me, ye weary,
    And I will give you rest.
    Oh, blessed voice of Jesus,

Which comes to hearts opprest !
It tells of benediction ;
Of pardon, grace, and peace ;
Of Joy that hath no ending ;
Of love which cannot cease.

2. "Come unto Me, ye wanderers,
    And I will give you light."
    Oh, loving voice of Jesus,
    Which comes to cheer the night !
    Our hearts were filled with
                            [sadness
    And we had lost our way ;
    But He has brought us gladness,
    And songs at break of day.

3. "Come unto Me, ye fainting,
    And I will give you life."
    Oh, cheering voice of Jesus,
    Which comes to aid our strife :
    The foe is stern and eager,
    The fight is fierce and long,
    But He has made us mighty,
    And stronger than the strong.

4. "And whosoever cometh
    I will not cast him out."
    Oh, welcome voice of Jesus,
    Which drives away our doubt :
    Which calls usvery sinners,
    Unworthy though we be
    Of love so free and boundless
    To come, dear Lord, to Thee !

95. COME, YE SINNERS, POOR AND NEEDY

1. COME, ye sinners, poor and
   [needy,
   Weak and wounded, sick and sore;
   Jesus ready stands to save you,
   Full of pity, love, and power.
   He is able ;
   He is willing : doubt no more.

2. Now ye needy, come and welcome
   God's free bounty glorify :
   True belief and true repentance
   Every grace that brings you nigh
   Without money,
   Come to Jesus Christ and buy.

3. Let not conscience make you
   [linger,
   Nor of fitness fondly dream ;
   All the fitness He requireth
   Is to feel your need of Him :
   This He gives you
   'Tis the Spirit's rising beam ;

4. Come, ye weary, heavy-laden,
   Bruised and ruined by the Fall ;
   If you tarry till you're better,
   You will never come at all :
   Not the righteous
   Sinners, Jesus came to call,

5. View Him prostrate in the garden,
   On the ground your Maker lies !
   On the bloody tree behold Him,
   Hear Him cry before He dies
   "It is finished !"
   Sinner, will not this suffice ?

6. Lo, th'incarnate God, ascended,
   Pleads the merit of His blood ;
   Venture on Him, venture wholly,
   Let no other trust intrude :
   None but Jesus
   Can do helpless sinners good.

96. HAVE YOU BEEN TO JESUS FOR THE CLEANSING POWER ?

1. HAVE you been to Jesus for the
   [cleansing power ?
   Are you washed in the blood of
   [the Lamb ?
   Are you fully trusting in His grace
   [this hour ?
   Are you washed in the blood of
   [the Lamb?
   Are you washed in the blood,
   In the soul-cleansing blood of the
   [Lamb ?
   Are your garments spotless ?
   Are they white as snow ?
   Are you washed in the blood of
   [the Lamb?

2. Are you walking daily by the
   [Saviour's side ?
   Are you washed in the blood of
   [the Lamb ?

Do you rest each moment in the
[Crucified?
Are you washed in the blood of
[the Lamb?

3. When the Bridegroom cometh
[will your robes be white ?
Pure and white in the blood of the
[Lamb ?
Will your soul be ready for the
[mansions bright,
And be washed in the blood of
[the Lamb ?

4. Lay aside the garments that are
[stained with sin,
And be washed in the blood of
[the Lamb !
There's a fountain flowing for the
[soul unclean
Oh, be washed in the blood of the
[Lamb !

97. SINNERS JESUS WILL RECEIVE

1. SINNERS Jesus will receive ;
Sound this word of grace to all
Who the heavenly pathway leave,
All who linger, all who fall !

Chorus:

Sing it over and over again :
Christ receiveth sinful men ;
Make the message clear and plain:
Christ receiveth sinful men.

2. Come and He will give you rest ;
Trust Him : for His word is plain ;
He will take the sinfulest :
Christ receiveth sinful men.
Chorus

3. Now my heart condemns me not,
Pure before the law I stand ;
He who cleansed me from all spot,
Satisfied its last demand.
Chorus

4. Christ receiveth sinful men,
Even me with all my sin ;
Purged from every spot and stain,
Heaven with Him I enter in.
Chorus

98. ART THOU WEARY ?

1. ART thou weary ? art thou
[languid ?
Art thou sore distrest ?
"Come to Me," saith One ; "and
[coming,
Be at rest !"

2. Hath He marks to lead me to Him
If He be my guide ?
"In His feet and hands are wound-
[prints,
And His side."

3. Is there diadem as Monarch

That His brow adorns ?
"Yea, a crown, in very surety,
But of thorns."

4. If I find Him, if I follow,
  What His guerdon here ?
  "Many a sorrow, many a labour,
  Many a tear."

5. If I still hold closely to Him,
  What hath He at last ?
  "Sorrow vanquished, labour
  [ended,
  Jordan passed."

6. If I ask Him to receive me,
  Will He say me nay ?
  "Not till earth, and not till heaven,
  Pass away."

7. Finding, following, keeping,
  [struggling,
  Is He sure to bless ?

  "Saints, Apostles, Prophets,
  [Martyrs, AnswerYes !"

99. I'VE A MESSAGE FROM THE LORD

1. I'VE a message from the Lord,
  [Hallelujah !
  The message unto you I'll give ;
  'Tis recorded in His Word,
  [Hallelujah!

It is only that you "look and live."

Chorus :
  "Look and live", my brother, live !
  Look to Jesus now and live ;
  'Tis recorded in His Word,
  Hallelujah!
  It is only that you "look and live !"

2. I've a message full of love
  [Hallelujah!
  A message, O my friend, for you ;
  'Tis a message from above,
  [Hallelujah!
  Jesus said itand I know 'tis true !

3. Life is offered unto thee,
  [Hallelujah!
  Eternal life thy soul shall have,
  If you'll only look to Him,
  [Hallelujah!
  Look to Jesus, who alone can save.
  Chorus

100. SOFTLY AND TENDERLY JESUS IS CALLING

1. SOFTLY and tenderly Jesus is
  [calling
  Calling for you and for me ;
  Patiently Jesus is waiting and
  [watching
  Watching for you and for me !

Chorus:

"Come Home !... come home !
Ye who are wearycome home !"
Earnestly, tenderly Jesus is calling
Calling, O sinner, "come home !"

2. Why should we tarry when Jesus
[is pleading
Pleading for you and for me ?
Why should we linger and heed
[not His mercies
Mercies for you and for me ?
Chorus

3. Time is now fleeting, the moments
[are passing
Passing from you and from me ;
Shadows are gathering, deathbeds
[are coming
Coming for you and for me !
Chorus

4. Oh for the wonderful love He has
[promised
Promised for you and for me !
Though we have sinned, He has
[mercy and pardon
Pardon for you and for me !
Chorus

101. AT THE FEAST OF BELSHAZZAR

1. AT the feast of Belshazzar and a
[thousand of his lords,

While they drank from golden
[vessels
as the Book of Truth records :
In the night, as they revelled in
the royal palace hall,
They were seized with
[consternation
'twas the Hand upon the wall !

Chorus

'Tis the hand of God on the wall !
Tis the hand of God on the wall !
Shall the record be "Found
[*wanting!"*
Or shall it be___"Found trusting !"
While that hand is writing on the
[*wall ?*

2. See the brave captive, Daniel, as
he stood before the throng,
And rebuked the haughty monarch
for his mighty deeds of wrong ;
As he read out the writing 'twas
the doom of one and all,
For the kingdom now was
[finished
said the Hand upon the wall !
Chorus

3. See the faith, zeal, and courage,
that would dare to do the right,
Which the Spirit gave to Daniel
'twas the secret of his might ;

In his home in Judea, or a captive
[in the hall,
He understood the writing of his
God upon the wall !
Chorus

4. So our deeds are recordedthere's
a Hand that's writing now ;
Sinner, give your heart to Jesusto
His royal mandate bow ;
For the day is approachingit must
[come to one and all,
When the sinner's condemnation
will be written on the wall !
Chorus

102. I'VE WANDERED FAR AWAY FROM GOD

1. I'VE wandered far away from God:
Now I'm coming home ;
The paths of sin too long I've trod:
Lord, I'm coming home.

Chorus
Coming home, coming home,
[*nevermore to roam ;*
By Thy grace I will be Thine :
[*Lord,*
I'm coming home.

2. I've wasted many precious years :
Now I'm coming home ;
I now repent with bitter tears :
Lord, I'm coming home.

Chorus

3 I'm tired of sin and straying, Lord :
Now I'm coming home ;
I'll trust Thy love, believe Thy
[word :
Lord, I'm coming home.
Chorus

4. My soul is sick, my heart is sore :
Now I'm coming home ;
My strength renew, my hope
[restore:
Lord, I'm coming home
Chorus

103. PASS ME NOT, O GENTLE SAVIOUR

1. PASS me not, O gentle Saviour,
Hear my humble cry ;
While on others Thou art calling,
Do not pass me by.

Chorus
Saviour, Saviour, hear my humble
[*cry!*
And while others Thou art calling,
Do not pass me by !

2. Let me at a throne of mercy
Find a sweet relief ;
Kneeling there in deep contrition,
Help my unbelief.
Chorus

3. Trusting only in Thy merit,
   Would I seek Thy face ;
   Heal my wounded, broken spirit,
   Save me by Thy grace.
   Chorus

4. Thou the spring of all my comfort,
   More than life to me ;
   Whom have I on earth beside
                    [Thee ?
   Whom in heaven but Thee ?
   Chorus

104. PRAISE THE SAVIOUR

1. PRAISE the Saviour, ye who
                    [know Him;
   Who can tell how much we owe
                    [Him ?
   Gladly let us render to Him
   All we are and have.

2. "Jesus" is the name that charms us;
   He for conflicts fits and arms us ;
   Nothing moves and nothing
                    [harms us,
   When we trust in Him.

3. Trust in Him, ye saints, for ever ;
   He is faithful, changing never ;
   Neither force nor guile can sever
   Those He loves from Him.

4. Keep us, Lord, oh, keep us
                    [cleaving

To Thyself, and still believing,
Till the hour of our receiving
Promised Joys in heaven.

5. Then we shall be where we would
                    [be
   Then we shall be what we should
                    [be
   Things which are not now, nor
                    [could be,
   Then shall be our own.

105. PRAISE THE SAVIOUR

1. O GOD, our help in ages past,
   Our hope for years to come,
   Our shelter from the stormy blast,
   And our eternal home.

2. Under the shadow of Thy throne
   Thy saints have dwelt secure ;
   Sufficient is Thine arm alone,
   And our defence is sure.

3. Before the hills in order stood,
   Or earth received her frame,
   From everlasting Thou art God,
   To endless years the same.

4. A thousand ages in Thy sight
   Are like an evening gone ;
   Short as the watch that ends the
                    [night
   Before the rising sun.

5. Time, like and ever-rolling stream,
    Bears all its sons away ;
    They fly forgotten, as a dream
    Dies at the opening day.

6. O God, our help in ages past,
    Our hope for years to come,
    Be Thou our guard while life shall
                                [last,
    And our eternal home.

106. WHEN ALL THY MERCIES

1 WHEN all Thy mercies, O my
                                [God
    My rising soul surveys,
    Transported with the view, I'm
                                [lost
    In wonder, love, and praise.

2. Unnumbered comforts on my soul
    Thy tender care bestowed,
    Before my infant heart conceived
    From whom these comforts
                                [flowed

3. When worn with sickness, oft hast
                                [Thou
    With health renewed my face ;
    And when in sins and sorrows
                                [sunk
    Revived my soul with grace.

4. Ten thousand thousand precious
                                [gifts

My daily thanks employ ;
Nor is the least a cheerful heart
That tastes those gifts with Joy.

5. Through every period of my life
    Thy goodness I'll pursue ;
    And after death, in distant worlds,
    The glorious theme renew.

6. Through all eternity to Thee
    A Joyful song I'll raise ;
    But oh, eternity's too short
    To utter all Thy praise !

107. GOD MOVES IN A MYSTERIOUS WAY

1. GOD moves in a mysterious way
    His wonders to perform ;
    He plants His footsteps in the sea,
    And rides upon the storm.

2. Deep in unfathomable mines
    Of never-failing skill,
    He treasures up His bright
                                [designs,
    And works His sovereign will.

3. Ye fearful saints, fresh courage
                                [take !
    The clouds ye so much dread
    Are big with mercy, and will break
    In blessings on your head.

4. Judge not the Lord by feeble
                                [sense,

But trust Him for His grace ;
Behind a frowning providence
He hides a smiling face.

5. His purposes will ripen fast,
Unfolding every hour ;
The bud may have a bitter taste,
But sweet will be the flower.

6. Blind unbelief is sure to err,
And scan His work in vain ;
God is His own interpreter,
And He will make it plain.

108. HOW FIRM A FOUNDATION

1. HOW firm a foundation, ye saints
[of the Lord,
Is laid for your faith in His
[excellent Word !
What more can He say, than to
[you He hath said
To you, who for refuge to Jesus
[have fled ?

2. Fear not, I am with thee; oh, be
[not dismayed !
For I am thy God, I will still give
[thee aid;
I'll strengthen thee, help thee,
[and cause thee to stand,
Upheld by My gracious,
[omnipotent hand.

3. When through the deep waters

I call thee to go,
The rivers of sorrow shall not
[overflow,
For I will be with thee, thy trials to
[bless,
And sanctify to thee thy deepest
[distress.

4. When through fiery trials thy
[pathway shall lie,
My grace, all-sufficient, shall be
[thy supply :
The flame shall not hurt thee :
[I only design
Thy dross to consume, and thy
[gold to refine.

5. "E'en down to old age all My
[people shall prove
My sovereign, eternal,
unchangeable love;
And then, when grey hairs shall
their temples adorn,
Like lambs they shall still in My
bosom be borne.

6. The soul that on Jesus hath
[leaned for repose,
I will not_I will not desert to its
[foes
That soul_though all hell should
endeavour to shake
I'll neverno, neverno, never for
[sake !

109. TENDERLY GUIDE US

1. TENDERLY guide us,
   O Shepherd of love,
   To the green pastures and waters
   [above,
   Guarding us ever by night and by
   [day,
   Never from Thee would we stray.
   Never ! never ! Never !
   Oh, never ! for Thou art the way;
   Never ! never !
   Never from Thee would we stray.

2. What though the heavens with
   [clouds be o'ercast !
   Fearful the tempest, and bitter the
   [blast !
   Still with the light of Thy Word
   [on the way,
   Never from Thee would we stray.

3. Over our weakness Thy strength
   [has been cast ;
   Keep us in meekness, Thine own
   [till the last ;
   Then, safely folded, with Joy we
   [shall say,
   Never from Thee would we stray.

110. JESUS, SAVIOUR, PILOT ME

1. JESUS, Saviour, pilot me,
   Over life's tempestuous sea ;
   Unknown waves before me roll,
   Hiding rock and treacherous
   [shoal;
   Chart and compass come from
   [Thee:
   Jesus, Saviour, pilot me !

2. As a mother stills her child,
   Thou canst hush the ocean wild ;
   Boisterous waves obey Thy will
   When Thou say'st to them
   ["Be still !"
   Wondrous Sovereign of the sea,
   Jesus, Saviour, pilot me !

3. When at last I near the shore,
   And the fearful breakers roar
   Twixt me and the peaceful rest
   Then, while leaning on Thy
   [breast,
   May I hear Thee say to me,
   "Fear not ! I will pilot thee !"

111. THE LORD'S MY SHEPHERD

1. THE Lord's my Shepherd, I'll not
   [want :
   He makes me down to lie
   In pastures green ; He leadeth me
   The quiet waters by.

2. My soul He doth restore again ;
   And me to walk doth make
   Within the paths of righteousness,

Ev'n for His own name's sake.

3. Yea, though I walk in death's dark
[vale,
Yet will I fear none ill ;
For Thou art with me ; and
[Thy rod
And staff me comfort still.

4. My table Thou hast furnishèd
In presence of my foes ;
My head Thou dost with oil
[anoint,
And my cup overflows.

5. Goodness and mercy all my life
Shall surely follow me ;
And in God's house for evermore
My dwelling-place shall be.

112.MORE ABOUT JESUS WOULD I KNOW

1. MORE about Jesus would I know,
More of His grace to others show ;
More of His saving fullness see,
More of His lovewho died for me.

Chorus :

More, more about Jesus,
More, more about Jesus ;
More of His saving fullness see,
More of His love who died for me.

2. More about Jesus let me learn,
More of His holy will discern ;

Spirit of God, my teacher be,
Showing the things of Christ to
[me.
Chorus

3. More about Jesus ; in His Word
Holding communion with my
[Lord ;
Hearing His voice in every line,
Making each faithful saying mine.

4. More about Jesus, on His throne,
Riches in glory all His own ;
More of His kingdom's sure
[increase;
More of His comingPrince of
[Peace.
Chorus

113.THOU MY EVERLASTING PORTION

1. THOU my everlasting Portion,
More than friend or life to me,
All along my pilgrim Journey,
Saviour, let me walk with Thee.

Chorus :

Close to Thee, close to Thee,
Close to Thee, close to Thee,
All along my pilgrim Journey,
Saviour, let me walk with Thee.

2. Not for ease or worldly pleasure,
Not for fame my prayer shall be ;

Gladly will I toil and suffer,
Only let me walk with Thee.
Gladly will I toil and suffer,
Only let me walk with Thee.
Chorus

3. Lead me through the vale of
[shadows,
Bear me o'er life's fitful sea ;
Then the gate of life eternal
May I enter, Lord, with Thee.

Chorus :

Then the gate of life eternal
May I enter, Lord, with Thee.

114. THY WILL, O LORD, NOT MINE

1. THY will, O Lord, not mine,
Teach me to say ;
Not my will, Lord, but Thine,
I would obey ;
Then shall I know the Joy,
And Thy name glorify,
When I, on earth, shall try
To follow Thee.

2. My weakness, Lord, I own,
From day to day ;
I listen for Thy voice
To lead the way ;
Oh, wilt Thou send the light
To make my pathway bright,
And show me what is right,

The only way.

3. I cannot see Just where
The Spirit leads,
But know that Christ is there,
Who intercedes ;
Oh, help me now to rest
On, Jesus'loving breast,
Till He shall manifest
His love in me !

115. ALL TO JESUS I SURRENDER

1. ALL to Jesus I surrender,
All to Him I freely give ;
I will ever love and trust Him,
In His presence daily live.

Chorus :

I surrender all, I surrender all ;
All to Thee, my blessed Saviour,
I surrender all...

2. ALL to Jesus I surrender,
Humbly at His feet I bow ;
Worldly pleasures all forsaken
Take me, Jesus, take me now.
Chorus

3. All to Jesus I surrender,
Make me, Saviour, wholly Thine ;
Let the Holy Spirit witness
I am Thine and Thou art mine.
Chorus

4. All to Jesus I surrender :
   Lord, I give myself to Thee ;
   Fill me with Thy love and power,
   Let Thy blessing rest on me.
   Chorus

5. All to Jesus I surrender :
   Now I feel the sacred flame ;
   Oh the Joy of full salvation !
   Glory, glory to His name !
   Chorus

116. O JESUS, I HAVE PROMISED

1. O JESUS, I have promised
   To serve Thee to the end ;
   Be Thou for ever near me,
   My Master and my Friend !
   I shall not fear the battle,
   If Thou art by my side ;
   Nor wander from the pathway,
   If Thou wilt be my Guide.

2. Oh, let me feel Thee near me,
   The world is ever near ;
   I see the sights that dazzle,
   The tempting sounds I hear :
   My foes are ever near me,
   Around me and within ;
   But, Jesus, draw Thou nearer,
   And shield my soul from sin.

3. Oh, let me hear Thee speaking,
   In accents clear and still,
   Above the storms of passion,
   The murmurs of self-will.
   Oh speak, to reassure me,
   To hasten or control ;
   Oh speak, and make me listen,
   Thou Guardian of my soul !

4. O Jesus, Thou hast promised
   To all who follow Thee,
   That where Thou art in glory
   There shall Thy servant be !
   And, Jesus, I have promised
   To serve Thee to the end ;
   Oh, give me grace to follow
   My Master and my Friend !

5. Oh, let me see Thy footmarks,
   And in them plant mine own ;
   My hope to follow duly
   Is in Thy strength alone.
   Oh, guide me, call me, draw me,
   Uphold me to the end ;
   And then in heaven receive me,
   My Saviour and my Friend !

117 TAKE TIME TO BE HOLY

1. TAKE time to be holy, speak oft
                   [with thy Lord ;
   Abide in Him always, and feed on
                   [His Word.
   Make friends of God's children ;
   help those who are weak ;

Forgetting in nothing His blessing
[to seek.

2. Take time to be holy, the world
[rushes on;
Spend much time in secret with
[Jesus alone
By looking to Jesus, like Him thou
[shalt be ;
Thy friends in thy conduct His
[likeness shall see.

3. Take time to be holy, let Him
[be thy Guide ;
And run not before Him,
[whatever betide;
In Joy or in sorrow still follow thy
[Lord,

And, looking to Jesus, still trust in
[His Word.

4. Take time to be holy, be calm in
[thy soul;
Each thought and each temper
[beneath His control :
Thus led by His Spirit to
[fountains of love,
Thou soon shalt be fitted for
[service above.

118. I GAVE MY LIFE FOR THEE

1. I GAVE My life for thee ;
My precious blood I shed,

That thou might'st ransomed be,
And quickened from the dead.
I gave My life for thee :
What hast thou given for Me ?"

2. "I spent long years for thee
In weariness and woe,
That an eternity
Of Joy thou mightest know.
I spent long years for thee :
Hast thou spent one for Me ?"

3. "My Father's home of light,
My rainbow-circled throne,
I left for earthly night,
For wanderings sad and lone.
I left it all for thee :
Hast thou left aught for Me ?"

4. "I suffered much for thee
More than thy tongue can tell,
Of bitterest agony
To rescue thee from hell,
I suffered much for thee :
What canst thou bear for Me ?"

5. "And I have brought to thee,
Down from My home above.
Salvation full and free,
My pardon and My love.
Great gifts I brought to thee :
What hast thou brought to Me ?"

6. Oh, let thy life be given,
Thy years for Him be spent ;

World-fetters all be riven,
And Joy with suffering blent ;
Bring thou thy worthless all :
Follow thy Saviour's call.

119. ANYWHERE WITH JESUS

1. ANYWHERE with Jesus I can
[safely go !
Anywhere He leads me in this
[world below !
Anywhere without Him dearest
[Joys would fade
Anywhere with Jesus, I am not
[afraid !

Chorus :
Anywhere ! anywhere ! Fear
[I cannot know ;
Anywhere with Jesus I can safely
[go !

2. Anywhere with Jesus I am not
[alone !
Other friends may fail me, He is
[still my own !
Though His hand may lead me
[over dreariest ways,
Anywhere with Jesus is a house
[of praise!

Chorus

3. Anywhere with Jesus I can go to
[sleep,

When the darkling shadows
[round about me creep !
Knowing I shall waken, never
[more to roam :
Anywhere with Jesus will be
[home, sweet home !

Chorus

120. OH, WHAT FELLOWSHIP

1. OH, what fellowship ; oh, what
[Joy is mine,
Resting in the everlasting arms !
Oh, what blessedness ; oh, what
[peace divine,
Resting in the everlasting arms !

Chorus :
Resting, resting,
Safe and secure from all alarms ;
Resting, resting,
Resting in the everlasting arms !

2. Oh, how safe am I in this pilgrim
[way,
Resting in the everlasting arms !
Oh, how bright the path grows
[from day to day.
Resting in the everlasting arms !

Chorus

3. What have I to dread, what have
[to fear,
Resting in the everlasting arms ?

I have perfect peace with my
　　　　　[Saviour near,
Resting in the everlasting arms !
Chorus

121. MY JESUS, I LOVE THEE

1. MY Jesus, I love Thee, I know
　　　　　[Thou art mine !
For Thee all the pleasures of sin
　　　　　[I resign;
My gracious Redeemer,
my Saviour art Thou !
If ever I loved Thee, my Jesus,
　　　　　['tis now!

2. I love Thee, because Thou hast
　　　　　[first loved me,

And purchased my pardon on
　　　　　[Calvary's tree ;
I love Thee for wearing the
　　　　　[thorns on Thy brow ;
If ever I loved Thee, my Jesus,
　　　　　['tis now !

3. I will love Thee in life, I will love
Thee in death,
And praise Thee as long as Thou
　　　　　[lendest me breath ;
And say when the death-dew lies
　　　　　[cold on my brow,
"If ever I loved Thee, my Jesus,
　　　　　['tis now!"

4. In mansions of glory and endless
　　　　　[delight,
I'll ever adore Thee in heaven so
　　　　　[bright;

I'll sing with the glittering crown
　　　　　[on my brow,
"If ever I loved Thee, my Jesus, '
　　　　　[tis now!"

122. GRACIOUS SPIRIT, HOLY GHOST

1. GRACIOUS Spirit, Holy Ghost,
Taught by Thee, we covet most
Of Thy gifts at Pentecost,
Holy, heavenly love.

2. Love is kind, and suffers long ;
Love is meek, and thinks no
　　　　　[wrong;
Love, than death itself more
　　　　　[strong;
Give us heavenly love.

3. Prophecy will fade away,
Melting in the light of day ;
Love will ever with us stay :
Give us heavenly love.

4. Faith will vanish into sight ;
Hope be emptied in delight ;
Love in heaven will shine more
　　　　　[bright;
Give us heavenly love.

5. Faith and hope and love we see
   Joining hand in hand agree ;
   But the greatest of the three,
   And the best, is love.

6. From the overshadowing
   Of Thy gold and silver wing,
   Shed on us, who to Thee sing,
   Holy, heavenly love.

123. WHEN UPON LIFE'S

1. WHEN upon life's billows you are
   [tempest tossed,
   When you are discouraged,
   [thinking all is lost,
   Count your many blessings, name
   [them one by one,
   And it will surprise you what the
   [Lord hath done.

Chorus :
   Count.. your blessings, name
   [them one by one ;
   Count.. your blessings, see what
   God hath done !
   Count your blessings, name them
   [one by one ;
   and it will surprise you what the
   Lord hath done.

2. Are you ever burdened with a
   [load of care ?

Does the cross seem heavy you
   [are called to bear ?
Count your many blessings, every
   [doubt will fly,
And you will keep singing as the
   [days go by.
Chorus

3. When you look at others with
   [their lands and gold,
   Think that Christ has promised
   [you
   His wealth untold ;
   Count your many blessings ;
   wealth can never buy
   Your reward in heaven, nor your
   [home on high.
Chorus

4. So, amid the conflict, whether
   [great or small,
   Do not be disheartened, God is
   [over all;
   Count your many blessings,
   [angels will attend,
   Help and comfort give you to your
   [Journey's end.
Chorus

124. SOWING IN THE MORNING, SOWING

1. SOWING in the morning, sowing
   [seeds of kindness,

Sowing in the noontide and the
[dewy eves:
Waiting for the harvest, and the
[time of reaping,
We shall come rejoicing, bringing
[in the sheaves !

Chorus:

Bringing in the sheaves! bringing
[*in the sheaves!*
We shall come rejoicing, bringing
[*in the sheaves!*

2. Sowing in the sunshine, sowing
[in the shadows,
Fearing neither clouds nor
[winter's chilling breeze ;
By and by the harvest, and the
[labour ended,
We shall come rejoicing, bringing
[in the sheaves !

Chorus

3. Go then ever, weeping, sowing
[for the Master,
Though the loss sustained our
[spirit often grieves :
When our weeping's over,
He will bid us welcome,
We shall come rejoicing bringing
[in the sheaves !

Chorus

125. WORK, FOR THE NIGHT IS COMING

1. WORK, for the night is coming,
Work through the morning hours;
Work while the dew is sparkling,
Work'mid springing flowers ;
Work when the day grows brighter
Work in the glowing sun ;
Work, for the night is coming,
When man's work is done.

2. Work, for the night is coming,
Work through the sunny noon ;
Fill brightest hours with labour,
Rest comes sure and soon.
Give every flying minute
Something to keep in store ;
Work, for the night is coming,
When man works no more.

3. Work, for the night is coming,
Under the sunset skies ;
While their bright tints are
[glowing,
Work, for daylight flies.
Work till the last beam fadeth,
Fadeth to shine no more ;
Work while the night is darkening
When man's work is over.

126. LORD, SPEAK TO ME

1. LORD, speak to me, that I may
[speak

In living echoes of Thy tone ;
As Thou hast sought, so let me
[seek
Thy erring children lost and lone.

2. Oh, lead me, Lord, that I may lead
The wandering and the wavering
[feet!
Oh, feed me, Lord, that I may feed
Thy hungering ones with manna
[sweet !

3. Oh, strengthen me that while
I stand
Firm on the Rock, and strong in
[Thee,
I may stretch out a loving hand
To wrestlers with the troubled sea!

127. WHO IS ON THE LORD'S SIDE ?

1. WHO is on the Lord's side ?
who will serve the king ?
Who will be His helpers, other
[lives to bring ?
Who will leave the world's side ?
Who will face the foe ?
Who is on the Lord's side ?
Who for Him will go ?
By Thy grand redemption,
By Thy grace divine,
We are on the Lord's side ;
Saviour, we are Thine !

2. Not for weight of glory, not for
[crown and palm,
Enter we the army, raise the
[warrior- psalm ;
But for love that claimeth, lives for
[whom He died :
He whom Jesus nameth must be
[on His side !

3. Jesus, Thou hast bought us, not
[with gold or gem,
But with Thine own life-blood, for
[Thy diadem ;
With Thy blessing filling all who
[come to Thee,
Thou hast made us willing,
Thou hast made us free.

4. Fierce may be the conflict, strong
[may be the foe ;
But the King's own army none can
[overthrow ;
Round His standard ranging,
Victory is secure, for His truth un
changing makes the triumph sure.

128. HARK THE VOICE OF JESUS CRYING

1. HARK the voice of Jesus crying
"Who will go and work to-day ?
Fields are white, and harvest
[waiting:
Who will bear the sheaves away ?

Loud and strong the Master
[calleth
Rich reward He offers thee :
Who will answer, gladly saying ?
"Here am I ; send me, send me !"

2. If you cannot cross the ocean,
And the heathen lands explore,
You can find the heathen nearer,
You can help them at your door.
If you cannot give your thousands,
You can give the widow's mite ;
And the least you do for Jesus
Will be precious in His sight.

3. If you cannot speak like angels,
If you cannot preach like Paul,
You can tell the love of Jesus,
You can say He died for all.
If you cannot rouse the wicked
With the Judgment's dread
[alarms,
You can lead the little children
To the Saviour's waiting arms.

4. If you cannot be the watchman,
Standing high on Zion's wall,
Pointing out the path to heaven,
Offering life and peace to all ;
With your prayers and with your
[bounties
You can do what Heaven
[demands;
You can be like faithful Aaron,

Holding up the prophet's hands.

5. If among the older people
You may not be apt to teach :
"Feed My lambs," said Christ our
[Shepherd,
"Place the food within their
[reach."
And it may be that the children
You have led with trembling hand
Will be found among your Jewels,
When you reach the better land.

6. Let none hear you idly saying,
"There is nothing I can do,"
While the souls of men are dying,
And the Master calls for you.
Take the task He gives you gladly,
Let His work your pleasure be ;
Answer quickly when He calleth :
"Here am I ; send me, send me !"

129. BLESSED ASSURANCE

1. BLESSED assurance Jesus is mine!
Oh, what a foretaste of glory
[divine!
Heir of salvation, purchase of God
Born of His Spirit, washed in His
[blood.

Chorus :
This is my story, this is my song,
Praising my Saviour all the day
[long ;

This is my story, this is my song,
Praising my Saviour all the day
                                [long.

2. Perfect submission, perfect delight
   Visions of rapture burst on my
                                [sight
   Angels descending, bring from
                                [above
   Echoes of mercy, whispers of love

3 Perfect submission, all is at rest,
   I in my Saviour am happy and
                                [blest;
   Watching and waiting, looking
                                [above,
   Filled with His goodness, lost in
                                [His love.
Chorus

130. WHAT CAN WASH AWAY MY STAIN ?

1. WHAT can wash away my stain ?
   Nothing but the blood of Jesus !
   What can make me whole again ?
   Nothing but the blood of Jesus !

Chorus :
   Oh, precious is the flow,
   That makes me white as snow !
   No other fount I know,
   Nothing but the blood of Jesus !

2. For my cleansing this I see

Nothing but the blood of Jesus !
For my pardon this my plea
Nothing but the blood of Jesus !
Chorus

3. Nothing can for sin atone
   Nothing but the blood of Jesus !
   Naught of good that I have done
   Nothing but the blood of Jesus !
Chorus

4. This is all my hope and peace
   Nothing but the blood of Jesus !
   This is all my righteousness
   Nothing but the blood of Jesus !
Chorus

131. STANDING ON THE PROMISES

1. STANDING on the promises of
                                [Christ my King,
   Through eternal ages let His
                                [praises ring;
   Glory in the highest, I will shout
                                [and sing,
   Standing on the promises of God.

Chorus :
   Standing,.. standing,..
   Standing on the promises of God
                                [my Saviour ;
   Standing,.. standing,..
   I'm standing on the promises of
                                [God.

2. Standing on the promises that
[cannot fail,
When the howling storms of
[doubt and fear assail,
By the living word of God I shall
[prevail,
Standing on the promises of God.
Chorus

3. Standing on the promises I now
[can see
Perfect, present cleansing in the
[blood for me ;
Standing in the liberty where
[Christ makes free,
Standing on the promises of God.
Chorus

4. Standing on the promises of
[Christ the Lord,
Bound to Him eternally by love's
[strong cord,
Overcoming daily with the Spirit's
[sword,
Standing on the promises of God.
Chorus

5. Standing on the promises I cannot
[fall,
Listening every moment to the
[Spirit's call,
Resting in my Saviour as my All in
[all,
Standing on the promises of God.
Chorus

132. AMAZING GRACE !

1. AMAZING grace ! how sweet the
[sound
That saved a wretch like me ;
I once was lost, but now am found
Was blind, but now I see.

2. 'Twas grace that taught my heart
[to fear,
And grace my fears relieved ;
How precious did that grace
[appear
The hour I first believed !

3. Through many dangers, toils, and
[snares,
I have already come :
'Tis grace that brought me safe
[thus far,
And grace will lead me home.

4. Yes, when this heart and flesh
[shall fail,
And mortal life shall cease,
I shall possess within the vail
A life of Joy and peace.

133. I WILL SING OF MY REDEEMER

1. I WILL sing of my Redeemer,
And His wondrous love to me ;
On the cruel cross He suffered,
From the curse to set me free.

Chorus:

Sing, oh sing... of my Redeemer!
With His blood... He purchased
[*me!*
On the cross. He sealed my
[*pardon,*
Paid the debt,... and made me free

2. I will tell the wondrous story,
   How my lost estate to save,
   In His boundless love and mercy,
   He the ransom freely gave.
   Chorus

3. I will praise my dear Redeemer,
   His triumphant power I'll tell ;
   How the victory He giveth
   Over sin, and death, and hell.
   Chorus

4. I will sing of my Redeemer,
   And His heavenly love to me ;
   He from death to life hath
   [brought me,

   Son of God, with Him to be.
   Chorus

134. WHEN PEACE, LIKE A RIVER

1. WHEN peace, like a river,
   [Attendeth my way,
   When sorrows, like sea-billows,
   [roll;

Whatever my lot, Thou hast
[taught me to know,
"It is well, it is well with my soul."

Chorus:

It is well... With my soul,...
It is well, it is well with my soul.

2. Though Satan should buffet,
   Though trials should come,
   Let this blest assurance control,
   That Christ hath regarded my
   [helpless estate,
   And hath shed His own blood for
   [my soul.
   Chorus

3. My sinoh, the bliss
   Of this glorious thought !
   My sinnot in part, but the whole,
   Is nailed to His cross ; and I bear
   [it no more :
   Praise the Lord, praise the Lord,
   O my soul !
   Chorus

4. For me, be it Christ,
   Be it Christ hence to live !
   If Jordan above me shall roll,
   No pang shall be mine, for in
   [death as in life
   Thou wilt whisper Thy peace to
   [my soul.
   Chorus

5. But, Lord, 'tis for Thee,
   For Thy coming, we wait ;
   The sky, not the grave, is our goal :
   Oh, trump of the Angel ! oh, voice
   [of the Lord!
   Blessed hope ! blessed rest of my
   [soul

Chorus

135. I'VE REACHED THE LAND OF CORN

1. I'VE reached the land of corn and
   [wine,
   And all its riches freely mine ;
   Here shines undimmed one
   [blissful day,
   For all my night has passed away.

Chorus:

   O Beulah Land, sweet Beulah
   [Land
   As on thy highest mount I stand,
   I look away across the sea,
   Where mansions are prepared for
   [me,
   And view the shining glory shore :
   My heaven, my home for evermore

2. My Saviour comes and walks
   with me And sweet communion
   [here have we;
   He gently leads me by His hand,

For this is heaven's borderland.
Chorus

3. A sweet perfume upon the breeze
   Is borne from ever-vernal trees ;
   And flowers that, never fading,
   [grow
   Where streams of life for ever
   [flow.

Chorus

4. The zephyrs seem to float to me
   Sweet sounds of heaven's melody,
   As angels with the white-robed
   [throng
   Join in the sweet redemption song.
Chorus

136. WHEN ALL MY LABOURS AND TRIALS ARE OVER

1. WHEN all my labours and trials
   [are over,
   And I am safe on that beautiful
   [shore,
   Just to be near the dear Lord I
   [adore,
   Will through the ages be glory for
   [me.

Chorus:

   Oh, that will be.. glory for me,..
   Glory for me,.. glory for me,..
   When by His grace I shall look
   [on His face,

That will be glory, be glory for
[me!

2. When by the gift of His infinite
[grace
I am accorded in heaven a place,
Just to be there, and to look on
[His face,
Will through the ages be glory for
[me.

3. Friends will be there I have loved
[long ago ;
Joy like a river around me will
[flow;
Yet, Just a smile from my Saviour,
[I know,
Will through the ages be glory for
[me.

Chorus

137. THERE'S A LAND THAT IS FAIRER THAN DAY

1. THERE's a land that is fairer than
[day,
And by faith we can see it afar,
For the Father waits over the way,
To prepare us a dwelling-place
[there.

Chorus:
In the sweet... by-and-by,
We shall meet on that beautiful
[shore.

In the sweet... by-and-by,...
We shall meet on that beautiful
[shore.

2. We shall sing on that beautiful
[shore
The melodious songs of the blest ;
And our spirits shall sorrow no
[more
Not a sigh for the blessing of rest.

3. To our bountiful Father above
We will offer the tribute of praise,
For the glorious gift of His love,
And the blessings that hallow our
[days.

Chorus

138. FADE, FADE, EACH EARTHLY JOY

1. FADE, fade, each earthly Joy ;
Jesus is mine !
Break every tender tie ;
Jesus is mine !
Dark is the wilderness,
Earth has no resting-place,
Jesus alone can bless,
Jesus is mine!

2. Tempt not my soul away ;
Jesus is mine!
Here would I ever stay ;
Jesus is mine!
Perishing things of clay,

born but for one brief day,
Pass from my heart away !
Jesus is mine!

3. Farewell, ye dreams of night ;
Jesus is mine !
Lost in this dawning light ;
Jesus is mine !
All that my soul has tried
Left but a dismal void,
Jesus has satisfied ;
Jesus is mine !

4. Farewell, mortality ; Jesus is mine!
Welcome, eternity ; Jesus is mine !
Welcome, O loved and blest ;
Welcome, sweet scenes of rest ;
Welcome, my Saviour's breast ;
Jesus is mine !

139. WE PLOUGH THE FIELDS AND SCATTER

1. WE plough the fields, and scatter
The good seed on the land ;
But it is fed and watered
By God's almighty hand :
He sends the snow in winter,
The warmth to swell the grain ;
The breezes, and the sunshine,
And soft refreshing rain.

Chorus :

All good gifts around us

Are sent from heaven above :
Then thank the Lord, oh, thank
the Lord, For all His love !

2. He only is the Maker
Of all things near and far :
He paints the wayside flower ;
He lights the evening star ;
The winds and waves obey Him ;
By Him the birds are fed ;
Much more to us, His children,
He gives our daily bread.

Chorus

3. We thank Thee, then, O Father,
For all things bright and good :
The seed-time and the harvest,
Our life, our health, our food.
Accept the gifts we offer
For all Thy love imparts ;
Andwhat Thou most desirest
Our humble, thankful hearts.

Chorus

140. AT GETHSEMANE

1. AT GETHSEMANE,
Great transaction done,
He willingly took the cup to drink.
This He did for me,
My soul to redeem,
To rest in His everlasting love.

Chorus:

{ *I'm Glad I'm washed*
Washed.} in the blood of Jesus
[*Christ.} (twice)*

2. O at Gabbatha, He stood rejected,
He came to save men who knew
Him not.
Humbly He suffered,
All He surrendered,
Dead to the world the cross
He took !
Chorus

3. O at Golgotha, He hung crucified,
In agony and pain for me.
His blood was shed forth,
My soul to set free,
Washed in the blood of Jesus
[Christ !
Chorus

4. O how great a price, Gladly He
[paid for me !
What can I offer for such a price ?
Lord possess my all :
Body, soul, spirit ;
Every vain thing I sacrifice !
{ I'm standing standing
Standing to serve Thee
forever.} (twice)
Chorus

5. O what can I do,

To so great a love,
But to serve Thee with all my
[heart
Whom else should I serve,
But Thee Blessed Lord,
Till soon I meet Thee in the air.
Chorus

DONALD NGONGE (W)

141. O GOD, THOU ART MY GOD

1. O GOD, Thou art my God, I seek
[Thee
My soul thirsts for The Lord
I'm burning in my heart for Thee
Satisfy my longing soul !

2. As a hart longs for the flowing
[streams,
So longs my soul for Thee.
My soul thirsts for God, the Living
[God
When shall I behold my God ?

3. Sometimes I have yearned with
[tears of love,
So longs my soul for Thee.
I've thirsts with sorrows for Thee
[Lord,
Lord comfort my soul with Thee.

4. Upon my bed, Lord, I think of
[Thee,

On Thee all night I muse.
My soul yearns to cling always to
[Thee.
O God it's Thee I love !

5. I'll bless Thee Lord as long as
[I live,
I'll call upon Thy name.
My soul is feasted with marrow ;
I bless Thee with Joyful lips !

6. I gaze upon Thee in the sanctuary
To behold Thy glory.
Thy steadfast love is better than
[life,
My lips will ever praise Thee.

7. O Lord let my sorrows be
[unceasing.
My yearnings day and night,
For the pov'ty of my heart to love
[You,
As it should be in Thy sight !

8. O God let me mourn for Christ's
[absence,
With growing inward groans,
And sighs and tears and anguish
[of heart:
"Lord come back ! Come quickly !
[Come!".

DONALD NGONGE (01-11-1992) (W)

142. I SEEK THEE, O MY GOD

1. I SEEK Thee, O my God !
I want to love You more.
Possess my heart with love,
For You and You alone !

Chorus :
  O Lord, I love You !
  O yes, Jesus, I do.
  Set my heart burning,
  Yes Lord, burning for You!

2. O Lord, my strength is Yours !
I must, Lord Jesus, do
Only that which will help
Me to love You the more.
Chorus

3. My mouth, O Lord, is Yours !
I must, Lord Jesus, say
Only that which will help
Me to love You the more.
Chorus

4. My heart I yield to Thee !
I must, Lord Jesus, think
Only that which will help
Me in Your glory dwell.
Chorus

5. My life, O Lord, is Thine !
I must, Lord, motivate
Only that which will help
Me by Thee to possess.
Chorus

6. My dwelling is on high !
   Grant me to daily dream,
   Of that great glorious home
   Where I'll forever dwell.
   Chorus

DONALD NGONGE (02-11-1992) (W&M)

143. HOLY, HOLY, HOLY IS GOD !

1. HOLY, Holy, Holy is God !
   His glory fills the heavens above !
   Glory and pow'r belong to God.
   He's glorious in holiness !
   Praise Him ! Praise Him ! ye
                        [heavenly host,
   He is the Great King of ages !

2. Holy, Holy, Holy is God !
   His glory fills the earth below !
   He's seated on the throne above,
   His train fills His glorious temple.
   He reigns ! He reigns ! in the
                        [highest,
   And on earth peace towards all
                        [His host !

3. Wisdom and honour to our King,
   The Alpha and the Omega !
   Blessing to God the Father,
   And pow'r to the Blessed Jesus.
   His Spirit reigns ! our God is One.
   The eternal Blessed Trinity !

4. We give Thee thanks our Lord
                        [and God,
   Who is, who was, and is to come !
   To Thee belongs salvation.
   Come Lord ! and reign in Thy
                        [Kingdom.
   Come soon ! Come quickly for
                        [Thy Bride.
   Come Lord ! that we might reign
                        [with Thee.

5. And then we shall sing for ever :
   Holy, Holy, Holy is God !
   Glory and pow'r belong to God.
   His Kingdom is for ever !
   Praise Him ! Praise Him ! ye
   Kingdom host.
   He is the Great King of ages !

DONALD NGONGE (03-01-1993) (W)

144. O THAT I MAY KNOW DEEP COMMUNION WITH YOU

1. O THAT I may know deep
                [communion with You !
   For Your love is better than life.
   Your anointing oils are fragrant,
                        [O Lord !

Chorus:
   Your name is oil poured forth !
   Draw me (Lord) ! draw me (Lord) !
   Draw me, let us make haste.
   O King, draw me into Your inner
                        [chamber !

Draw me, draw me after You!

2. I will exult and rejoice in You.
   Your love to extol more than life.
   Thou art worthy to be loved,
   [O Lord !
   Draw me, draw me after Thee !
   Chorus

3. As an apple tree among many
   [trees,
   So is my Beloved among young
   [men !
   With great delight I dwell in You.
   And Your fruit is sweet to my
   [taste !
   Chorus

4. You've brought me into Your
   [banqueting house !
   With Your banner of love over
   [me.
   Sustain me with love, refresh me,
   [O Lord !
   O for more love for You my Lord !
   Chorus

5. Draw me into the "everest" of
   [union
   Intimate union with Thee my God
   For this Thou purposed Thy
   [salvation !
   Draw me, draw me after Thee !

Chorus:
   I'm seeking ! I'm longing (Lord) !
   Draw me, let us make haste.
   O Lord I yearn to walk with You !
   Draw me, draw me after You !
   DONALD NGONGE (21-02-1993) (W&M)

145. WE BLESS THEE

Chorus:
   WE BLESS Thee, we praise Thee
   [*Lord,*
   Holy God is glory!
   We worship Thee Eternal King
   Glory to Thee Most High!

1. Glorious in holiness,
   On Thy throne exalted.
   In splendour and majesty !
   Glory to Thee Most High.

2. God is love, He is Lord !
   He is the sovereign King,
   Self-existent and Immortal,
   Glory to God All-wise.
   Chorus

3. Glory to God - Infinite,
   Self-sufficient in might ;
   Faithfulness belongs to God,
   The All-sufficient God !
   Chorus

4. God of love and covenants,
   Infinite in power,

God of Justice and of peace,
Glory to the Creator !
Chorus

5. Our Lord is One God :
   The Blessed Trinity.
   Glory to God the Father,

   To the Son and Holy Ghost !
   Chorus

6. Holy Father of mercies,
   Holy Son full of grace
   Holy Spirit Blessed Guide,
   Glory to Thee Most High !
   Chorus

7. We thank Thee God and Father !
   We thank Thee Jesus Christ !
   For Thy eternal salvation

   Worked in us by the Spirit.
   Chorus

8. Glory be to God on high,
   And on earth to the Spirit,
   Preparing a Blessed Bride
   For the Son of Glory !
   Chorus

9. We wait for Thy coming Lord,
   Bridegroom of the Bride !
   Lord, come soon ! Come quickly,
   [Lord,

That we might reign on high !
Chorus

DONALD NGONGE (20-06-1993) (W)

146. PRAY ON ! PRAY ON !

1. PRAY ON ! Pray on ! The Lord
   [commands
   Pray on and faint not child of
   [God
   His promise stands His word is
   [true
   The Lord commands, His church
   [to pray
   Pray in the morning, Pray at noon,
   Pray in the evening, pray all night
   Pray when you're tired, and feel
   [alone
   Pray for the Lord commands us
   [pray !

2. Pray when you're weak, pray when
   [you're strong
   Pray when you're failed ! all hope
   [is gone
   Pray when the storm is raging high
   Pray when like Pe'er you're sinking
   [fast
   Pray ! for to God, your prayers are
   [made
   In Jesus Name ! you stand to pray
   The Spirit's there to help you pray
   The Tri-une God will answer
   [prayer.

3. Pray for the Lord depends on you
Pray till His will be done on earth
Put on God's armour ! Watch and
[pray
Pray for the Lord has bid you pray
Pray for the Church ! Pray for the
[Lost
Pray till His harvest is brought in
Pray for yourself ! Pray for your
[friend,
The Lord commands, Unceasing
[prayer.

4. Pray even as the Master prayed
Pray even as Abraham prayed
Stand in the gap as Moses did
Then pray as Daniel and Anna
[did

Pray till all hallow His Great
[Name
His kingdom come ! His reign
[begins
Pray till the trumpet sound you
[hear
The sky gives way THE LORD
[APPEARS.

E. NDINTEH (The tune of "Sweet hour of prayer)

147. YOU ARE THE SOVEREIGN LORD

1. YOU are the Sovereign Lord who
[keeps His promises

You are the Great God who never
[fails
I will trust in You for now and
[ever
And I believe You for You are
[true.

2. You turn my handicaps into great
[blessings
And turn my sorrows to songs of
[praise
I will trust in You for now and
[ever
And I believe You for You are
[true.

3. The shame of failure, the pain of
[labour
Upon Your promise I cast them all
And I count on You for now and
[ever
And I believe You for You are
[True.

4. Measureless goodness, Infinite
[mercy
Your loving kindness shall never
[fail
My sufficiency for now and ever
And I believe You for You are
[true.

JOE MBAFOR (14/10/92)

148. CHRISTIAN, SEEK NOT YET REPOSE

1. CHRISTIAN, seek not yet repose ;
   Cast thy dreams of ease away,
   Thou art in the midst of foes :
   "Watch and pray."

2. Principalities and powers,
   Mustering their unseen array,
   Wait for thine unguarded hours :
   " Watch and pray."

3. Gird thy heavenly amour on,
   Wear it ever night and day;
   Ambushed lies the evil one:
   "Watch and pray."

4. Hear the victors who o'ercame;
   Still they mark each warrior's way;
   All with one sweet voice exclaim,
   "Watch and pray."

5. Hear, above all, hear thy Lord,
   Him thou lovest to obey;
   Hide within thy heart His word,
   "Watch and pray."

6. Watch, as if on that alone
   Hung the issue of the day;
   Pray that help may be sent down:
   "Watch and pray."

149. JESUS, KEEP ME NEAR THE CROSS

1. JESUS, keep me near the cross:
   There a precious fountain,
   Free to all - a healing stream-
   Flows from Calvary's mountain.

Chorus :
   In the cross, in the cross,
   be my glory ever;
   Till my raptured soul shall find
   [rest beyond the river.

2. Near the cross, a trembling soul,
   Love and mercy found me;
   There the Bright and Morning
   [Star
   Shed its beams around me.
   Chorus

3. Near the cross! O Lamb of God,
   Bring its scenes before me;
   Help me walk from day to day,
   With its shadow o'er me.

4. Near the cross, I'll watch and wait,
   Hoping, trusting ever,
   Till I reach the golden strand,
   Just beyond the river.
   Chorus

150. YIELD NOT TO TEMPTATION

1. YIELD not to temptation,
   For yielding is sin,
   Each victory will help you
   Some other to win ;

Fight manfully onward, dark
passions subdue,
Look ever to Jesus,
He'll carry you through.

Chorus:
Ask the Saviour to help you,
Comfort, strengthen, and keep you
He is willing to aid you,
He will carry you through.

2. Shun evil companions,
Bad language disdain,
God's name hold in reverence,
Nor take it in vain :
Be thoughtful and earnest,
kindhearted and true ;
Look ever to Jesus,
He'll carry you through.

3. To him that o'ercometh
God giveth a crown ;
Through faith we shall conquer,
Though rarely cast down ;
He who is our Saviour
Our strength will renew;
Look ever to Jesus,
He'll carry you through.

151. THERE'S NOT A FRIEND LIKE THE LOWLY JESUS

1. THERE'S not a friend like the
lowly Jesus,
No, not one ! No, not one !

None else could heal all our soul's
[diseases,
No, not one ! No, not one !

Chorus:
Jesus knows all about our, struggles,
He will guide till the day is done ;
There's not a friend like the lowly
[Jesus,
No, not one ! No, not one !

2. No friend like Him is so high and
[holy,
No, not one ! No, not one !
And yet no friend is so meek and
[lowly,
No, not one ! No, not one !
Chorus

3. There's not an hour that He is not
[near us,
No, not one ! No, not one !
No night so dark but His love can
[cheer us,
No, not one ! No, not one !
Chorus

4. Did ever saint find this Friend
[forsake him ?
No, not one ! No not one !
Or sinner find that He would not
[take him ?
No, not one ! No, not one !
Chorus

5. Was ever a gift like the Saviour
                                    [given ?
No, not one ! No, not one !
Will He refuse us a home in
                                    [heaven ?
No, not one ! No, not one !

152. MY HOPE IS BUILT ON NOTHING LESS THAN JESUS' BLOOD AND RIGHTEOUSNESS

1. My hope is built on nothing less
   Than Jesus' blood and
                                    [righteousness;
   I dare not trust the sweetest frame,
   But wholly lean on Jesus' name.

Chorus:
   On Christ, the solid Rock,
                                    [I stand ;
   All other ground is sinking sand,
   All other ground is sinking sand.

2. When darkness hides His lovely
                                    [face,
   I rest on His unchanging grace ;
   In every high and stormy gale,
   My anchor holds within the vail.
   Chorus

3. His oath, His covenant, His blood,
   Support me in the' whelming
                                    [flood;
   When all around my soul gives
                                    [way,

He then is all my hope and stay.
Chorus

4. When He shall come with
                                    [trumpet sound,
   Oh, may I then in Him be found,

   Clothed in His righteousness
                                    [alone,
   Faultless to stand before the
                                    [throne!
   Chorus

153. I AM THINE, O LORD

1. I AM thine, O lord, I have heard
                                    [Thy voice,
   And it told Thy love to me ;

   But I long to rise in the arms of
                                    [faith,
   And be closer drawn to thee.

Chorus:
   Draw me nearer, nearer, blessed
                                    [Lord.
   To the cross where Thou hast
                                    [died
   Draw me nearer, nearer, blessed
                                    [Lord,
   To thy precious, bleeding side.

2. Consecrate me now to Thy
                                    [service, Lord.

By the power of grace divine ;
Let my soul look up with a
[steadfast hope,
And my will be lost in Thine.
Chorus

3. Oh, The pure delight of a single
[hour
That before Thy throne I spend,
When I kneel in prayer, and with
Thee, my God,
I commune as friend with friend.
Chorus

4. There are depths of love that
[I cannot know
Till I cross the narrow sea ;
There are heights of Joy that I may
[not reach
Till I rest in peace with Thee.

154. THERE'S A CALL COMES RINGING OVER

1. THERE'S a call comes ringing
[over the restless wave,
"Send the light, ...send the light !"
There are souls to rescue, there are
[souls to save,
"Send the light, ...send the light! "

Chorus:
Send the light the blessed
[gospel light!
Let it shine from shore to shore !

Send the light, the blessed
[gospel light!
Let it shine for evermore !

2. We have heard the
Macedonian call to-day,
"Send the light, ... send the light!"
And our grateful offerings at the
[cross we lay,
"Send the light, send the light ! "
Chorus

3. May the grace of Jesus unto all
[abound,
"Send the light, send the light!"
And the Christlike spirit
[everywhere be found.
"Send the light, ...send the light !"
Chorus

4. Let us not grow weary in the work
[or love,
"Send the light, ...send the light!"
While we gather Jewels for our
[crown above,
"Send the light, ...send the light !"
Chorus

155. I KNOW ! I KNOW

Chorus:
{ I KNOW ! I know
I know that Jesus is mine. } (twice)

1. Triumphing into Jerusalem

To be crucified there.
Christ was crucified,
He died for me.
I know that Jesus is mine
I know !
Chorus

2. He arose from death He is alive,
   Conquering the power of death,
   He was seen by men.
   Who loved Him so
   That they should tell the world.
   I know !
   Chorus

3. He's already gone up to heaven,
   To prepare a place for us.
   He is coming back
   To take us home.
   I know that Jesus is mine.
   I know !
   Chorus

4. He has laid a burden on our
   [hearts,
   To win more souls for Him.
   And this is our task in Cameroon,
   Until His coming again.
   I know !
   Chorus

156. IF YOU BELIEVE AND I BELIEVE

1. IF YOU believe and I believe

And we together pray.
The Holy Spirit will come down
And Yaounde will be saved.
And Yaounde will be saved (twice)
The Holy Spirit will come down
And Yaounde will be saved.

2. Cameroon

3. Africa

4. The whole world.

157. ONE STEP MORE

1. ONE step more.
   O ! one step more.
   Give me grace for one step more.
   One step more my Saviour,
   One step more,
   Grace for one step more.

2. Love

3. Hope

4. Peace

158. I BELIEVE

{ I BELIEVE, I believe that Jesus
Walks with me every day
He talks with me every hour
He walks with me every day of my
[*life } (twice)*

1. Jesus walks with me every day
   Even as He promised

Lo ! I am with you
Even unto the end of the world
I will never leave you
Neither will I forsake you
So He walks with me
Every day of my life.
Chorus

2. Cast your burden on the Lord
And He will sustain you
All Godliness exalted a nation
Brother cast your burden on the
[Lord
And He will sustain you
He will walk with you
Every day of your life.
Chorus

159. GLORIFIED, RISEN AND ASCENDED

1. GLORIFIED, risen and ascended
Glorified risen Lord
Glorified, risen and ascended
Glorified risen Lord.

2. He is the King of kings,
He is the Lord of lords,
He is the King of kings
And Lord of lords.

160. BLESSED IS EVERY ONE THAT FEARETH THE LORD

1. BLESSED is every one that
[feareth the Lord (twice)

Blessed is every one that walketh
[in His ways
Blessed is every one that feareth
[the Lord

2. { They that trust in the Lord
Shall be like mount Zion } (twice)
Which cannot be removed
But abideth for ever
They that trust in the Lord
Shall be like mount Zion. Blessed

161. JESUS, YOU'RE MY REDEEMER

1. JESUS, you're my Redeemer
Thank you, Lord You saved my
[soul.
Jesus You're my Redeemer
Thank you Lord
You saved me from my sin.

2. Jesus went to prepare us a place
At the right hand of the Father
Hallelujah !
He will come again to take us to
[be with Him
Our own Joy in Jesus is that we
[are saved
Hallelujah !

162. I AM ON THE ROCK

1. I AM on the Rock,
The Rock at last,

I am on the Rock at last,
My soul has found
A resting place,
I am on the Rock at last.

2. Jesus is the Rock,
   The Rock indeed,
   Jesus is the Rock indeed,
   My soul has found
   A resting place,
   Jesus is the Rock indeed.

3. Are you on the Rock ?
   The Rock at last,
   Are you on the Rock at last ?
   Has your soul found
   A resting place ?
   Are you on the Rock at last ?

163. WHO IS LIKE UNTO THEE ?

WHO is like unto Thee ?
O ! Lord
Who is like unto Thee ? O ! Lord
Among the gods
Who is like Thee ?
Glorious in holiness
Fearful in praises
Doing wonders Hallelujah !

164. I HAVE SEEN !

Chorus:
  I HAVE seen ! seen !
  The victory of Jesus,

  Glory be to God,
  Glory be to Jesus,
  I have seen ! seen !
  The victory of Jesus,
  Glory be to God Amen

1. WHEN I look at the front.
   I see Jesus victorious.
   When I look at my back,
   I see Jesus victorious.
   When I look at my left,
   I see Jesus victorious.
   When I look at my right,
   I see Jesus victorious.

Chorus:
  I have seen ! seen !
  The downfall of Satan,
  Glory be to God.
  Glory be to Jesus,
  I have seen ! seen !
  The downfall of Satan
  Glory be to God Amen !

2. When I look at the front,
   I see Satan has fallen.
   When I look at my back,
   I see Satan has fallen.
   When I look at my right,
   I see Satan has fallen
   When I look at my left,
   I see Satan has fallen.
   Chorus

165. YOU LOVE THE WORLD !

1. YOU love the world !

   And the things of the world You
   [love

   You love the world !

   And the things of the world You
   [love.

Chorus:

   Where is the love of God ? (5 times)
   In Your heart.

2. Your neighbour is in need !

   And you're able to help him in his
   [need.

   You let him go ! and you ask him
   [to pray about it.

3. You live at ease,

   With abundance of food, and
   [clothes

   You close your eyes to the plight
   [of lost souls around you

   Chorus

4. The Lord commands !

   You preach His great gospel in this
   [world !

   To love the Lord ! is to live for
   [salvation of souls.

5. The Lord commands !

   To watch and to pray each night
   You're burdened with sleep !

There's no fire for prayer in Your
   [life !

Chorus

6. To love the Lord !

   Is to live for salvation of lost souls
   To watch and pray, to fast and to
   [give till it hurts

Chorus:

   This is the love of God
   This is the love of God
   This is the love of God
   You will be close to Him
   You will receive a crown !
   When He comes !!

   E. NDINTEH (Trd.)

166. THERE WAS NO CROWN FOR HIM

1. There was no crown for Him
   [of silver, of gold.

   There was no diadem for Him
   [to hold

   But blood adorned His brow and
   [proud its stain He bore,

   And sinners gave to Him the
   [crown He wore.

2. He did not reign upon a throne
   [of ivory,

   But He died upon the cross of
   [Calvary.

For sinners there He counted all
[He owned but loss,
And He surveyed His kingdom
[from a cross.
A rugged cross, became His
[throne.
His kingdom was in hearts alone.
He wore His love in crimson red,
And wore the thorns up-on
[His head.

3. No purple robe He wore His
[bleeding wounds to hide,
But stripes up-on His back He
[wore with pride.
And from the wounds there
[flowed
A crimson, cleansing stream,
That was a cover for the soul
[unclean.

167. PURE AND HOLY SON OF GOD

1. Pure and Holy Son of God
Taking on the form of man
Leaving Heaven blest above
Came to bring salvation down

2. Righteous Father, Holy One
Looking down on us with love
Gave to us His only Son
Sent with blessings from above

Chorus:
But we took him and we nailed him
To the cross made of wood,
And we raised it high and dropped
[it
In the ground were it stood,
And the blood that flowed to the
[earth below,
Brought forgiveness to the world
That had treated him so.

3. Peace on earth goodwill to men,
At his birth the angels sang
Love and mercy from the throne
through the earth this message
[rang.

4. He came in love to bring us light
[in our darkness
He came with peace to bring relief
[from our pain
He came in Joy to bring us rest in
[our weariness
He came with Love to bring us
[beauty again.

168. WHO CAN BATTLE WITH THE LORD

1. Who can battle with the Lord
Who can battle with the Lord (2x)
Who can battle with the Lord

Chorus:

> I say nobody, in heaven
> I say nobody, on the earth
> I say nobody, under the sea
> I say nobody, I say nobody

2. Jesus Christ the only rock of
>   [ages (twice)
> Other rocks are sinking sand
> Who will battle for the Lord (3x)
> I say His Body (twice)

Chorus:

> I say His Body in heaven
> I say His Body on the earth
> I say His Body, His body to come
> I say His body, I say His body.

3. We will go for God in our city
> We will go for Him in our nation
> We will go for Him in Africa
> We will go in the power of our
>   [God.
> (We will go for Him to planet
> earth)

169. O LORD WE ARE VERY VERY GRATEFUL

Chorus:

> O Lord we are very very grateful
> For all You have done for us
> O Lord we are very very grateful
> And we say thank You our Lord

1. I have a Father who will never ever
>   [fail me.
> I have a Father who will never ever
>   [fail me.
> Jesus is my Saviour who will never
>   [ever fail me.
> Rock of ages never ever fail.

2. Your money, is sinking sand
> Your beauty, is sinking sand
> Even your family, is sinking sand
> Other rocks are sinking sand.

3. He's the rock, the only rock of
>   [ages
> Other "rocks" are sinking sand
> Jesus Christ the only Rock of ages
> Other "rocks" are sinking sand.

TABLE OF CONTENTS